Diogenes Taschenbuch 22742

detebe

Walter Nigg

Friedrich Nietzsche

Mit einem Nachwort von Max Schoch

Diogenes

Walter Niggs Studie
über Friedrich Nietzsche
erschien erstmals
in dem Band *Prophetische Denker*,
Artemis Verlag, Zürich 1957
Umschlagfoto: Portrait
Friedrich Nietzsche

www.diogenes.ch
20/00/8/4
ISBN 3 257 22742 6

Inhalt

Die schreckliche Gestalt hinter meinem Stuhle

»Was ich fürchte, ist nicht die schreckliche Gestalt hinter meinem Stuhle, sondern ihre Stimme; auch nicht die Worte, sondern der schauderhaft unartikulierte und unmenschliche Ton jener Gestalt. Ja, wenn sie noch redete, wie Menschen reden...«, notierte sich Nietzsche vor seiner Übersiedlung nach Basel auf ein Blatt Papier[1]. Obschon die autobiographische Aufzeichnung in einer sichtlichen Erregung niedergeschrieben ist, darf sie nicht einer Halluzination gleichgesetzt werden. Eine Interpretation, die überall den pathologischen Zügen Nietzsches nachspürt und bereits im jungen Nietzsche Krankhaftes zu entdecken glaubt, ist schon im Ansatz verfehlt. Die Gestalt, die am lichten Tag hinter seinem Stuhl auftaucht und ihm schauderhaft unartikulierte Laute ins Ohr flüstert, so daß Nietzsche in grenzenloser Furcht zusammenfährt, ist vielmehr mit jenem Finger zu vergleichen, der auf die getünchte Wand die geheimnisvolle Schrift schrieb, die den König Belsazar zum Erbleichen brachte. Hier wie dort hat man es mit einem Zeichen aus der unsichtbaren Welt zu tun, das nach einer metaphysischen Deutung verlangt.

Nicht nur als junger Mann hörte Nietzsche ausnahmsweise einmal die Stimme mit dem unmenschlichen Ton hinter sich, die ihm namenloses Grauen einflößte. Immer wieder sprach sie in anderer Form zu ihm. Er hat darüber hellsichtige Zeugnisse abgelegt, die nicht länger überhört werden dürfen: »Was ist es doch, was uns so häufig anficht, welche Mücke läßt uns nicht schlafen? Es geht geisterhaft um uns zu, jeder Augenblick des Lebens will uns etwas sagen, aber wir wollen diese Geisterstimme nicht hören. Wir fürchten uns, wenn wir allein und stille sind, daß uns etwas in das Ohr geraunt werde, und so lassen wir die Stille und betäuben uns durch Geselligkeit[2].« Um dieser unheimlichen Geisterstimme willen ist es unangebracht, bei Nietzsche, wie es in den Lehrbüchern der Philosophiegeschichte zu geschehen pflegt, nach seiner Erkenntnistheorie, Logik, Ästhetik usw. zu fragen. Ein solches Vorgehen ist gegenüber einem Denker deplaciert, dem schon der Wille zum System als ein Mangel an Rechtschaffenheit galt und der allen Systematikern bewußt aus dem Wege ging. War er doch ein Mensch, der wieder die ewigen Mächte reden hörte, und das war in jener Zeit der Fassadenkultur ein singuläres Vorkommnis. Bei Nietzsche waren diese Mächte dermaßen stark in sein Dasein eingebrochen, daß später die Psychiater dieses überirdische Angerufenwerden nur noch als Geisteskrankheit zu deuten vermochten. Um der Mücke willen, die Nietzsche nicht schlafen ließ, ist dieser Mann so wichtig. Als ein von den metaphysischen Gewalten angesprochenes Wesen verlangt Nietzsche nach einer anderen Begegnung, die nicht von akademischen Richtlinien vorgeschrieben sein darf. Das Unheimliche der schrecklichen Gestalt hinter seinem Stuhl muß immer wieder gespürt werden, sie soll den Menschen veranlassen, ganz anders aus der Tiefe zu rufen.

»Nietzsche von heute aus gesehen«, lautet eine der geistvollsten Betrachtungen, die über den Verfasser des »Zarathustra« aus der gegenwärtigen Verzweiflung heraus geschrieben wurde. Aber diese aufwühlende Sicht birgt offenbar ihre Gefahren in sich. Allzu leicht wird dann Nietzsche mit dem jeweiligen Zeitgeschehen vermengt. Von diesem Heute aus gesehen, hatte man Nietzsche einst maßlos überschätzt, was ihm die übelste Popularität eintrug, und wiederum vom Zeitpunkt des Zweiten Weltkrieges aus blindlings geschmäht, indem man ihm eine nicht unwesentliche Schuld an der verhängnisvollen Entwicklung Deutschlands zuschob. Dermaßen wechselt dieses Heute und liefert die Beurteiler ganz der jeweiligen Zeitlichkeit aus, die doch schnellflüchtig vorübergeht.

Um diesem schwankenden Floß zu entgehen, ist der Versuch angebracht, Nietzsche als den »Verführer und doch wahrhaftig«, wie Gottfried Arnold einmal sich selbst charakterisierte, sub specie aeternitatis zu sehen. Wie er vor dem Ewigen zu bestehen vermag, das muß die Fragestellung sein, weil nur dann sein Gutes und Böses gleicherweise ans Licht kommt. Keineswegs wirft man sich damit zum Richter des Jüngsten Gerichts auf, ein Amt, das niemals dem Menschen zukommt. Auch beim Weltgericht wird die Seele nicht nach ihrem moralischen Verhalten oder ihren persönlichen Verdiensten beurteilt, denn wer könnte dann bestehen? Es wird dereinst nach den Worten zugehen, die Maxim Gorkis Großmutter zu äußern pflegte, daß Gott dann den Menschen frage: »Nun, hast du genug geirrt und gelitten?«, und wer wollte an der Antwort zweifeln, die Nietzsche hierauf gegeben hätte. Nach dem Talmud wird im Gericht jeder einzelnen Seele nur die eine Frage vorgelegt: »Hast du auf das Heil gehofft?«, und wiederum ist es nicht schwer, sich Nietzsches Antwort zu denken. Nietzsches Erscheinung, unter dem Gesichtspunkt der Ewigkeit betrachtet, bedeutet somit kein hochmütiges Sich-über-ihn-Stellen, sondern die Bemühung, über die nur zeitlich bedingte Beurteilung hinauszukommen, die heute diese und morgen eine andere Schätzung vertritt, um zu seinem zeitlosen Antlitz vorzudringen. Man muß bestrebt sein, Gestalten und Ereignisse in jenem seltsamen Moment zu sehen, da gleichsam die »Sonne zu Gibeon und der Mond im Tale Ajalon stillesteht«, weil man nur in einem solch übergeschichtlichen Moment, der Seele Seele zu erblicken fähig ist.

Der von den Mächten bis ins Innerste geschüttelte Nietzsche ist vor allem als ein bestürzendes Kapitel aus der religiösen Seelengeschichte des modernen Menschen zu verstehen. Die Einordnung in die christliche Geistesgeschichte kommt dem Geisterhaften um Nietzsche näher als die Betrachtung, die in ihm höchstens den verlorenen Sohn des Protestantismus sieht. Gewiß war er seinem Herkommen nach im Protestantismus beheimatet; man kann sich auch gar nicht vorstellen, daß er aus anderem als nordischem Boden hätte hervorgehen können. Sein ganzes Wesen verrät seine protestantische Herkunft, aus der heraus er in seinen Briefen schreibt: »Unsere gute, rein protestantische Luft! Ich habe nie bis jetzt stärker meine innigste Abhängigkeit von dem Geiste Luthers gefühlt als jetzt… auch ich glaube, etwas Heiliges zu vertreten…[3].« Seine jugendliche Begeisterung für Bachs Matthäuspassion verrät sein protestantisches Lebensgefühl so gut wie seine bezeichnende Liebe zu dem von ernster Religiosität getragenen Dürerschen Stich »Ritter, Tod und Teufel«. André Gide behauptete einmal: »Um Nietzsche wirklich zu verstehen, muß man sich in ihn verlieben, und dazu sind im eigentlichen Sinn nur Menschen imstande, die schon seit langem durch eine Art angeborenen Protestantismus auf ihn vorbereitet sind[4].« Auch Hildebrandt deutete Nietzsche im gleichen Sinn und brachte bei seinem Hinweis zugleich noch die nötige Einschränkung an: »Nietzsche ist von Geburt bis zu seinem Ende protestantischer Prediger, nur daß man ihn nicht mit den Dienern der nachlutherischen Kirche vergleichen muß, sondern mit den großen Urtypen selbst, mit Luther, mit Eckhart[5].«

Obschon in Nietzsche der gleiche Empörergeist lebte, der Luther bewog, sich gegen Rom aufzulehnen, so ist das Urteil von seiner Zugehörigkeit zum Protestantismus doch mit Behutsamkeit aufzunehmen. Es ist ihm gegenüber Vorsicht geboten, will man nicht unversehens in eine konfessionalistische Deutung hineingeraten, die Nietzsche mit lautem Gelächter beantwortet hätte. Vom offiziellen Protestantismus, wie er in der zweiten Hälfte des 19. Jahrhunderts auf Kanzeln und Kathedern vertreten worden ist, wußte sich Nietzsche geschieden. Er lehnte die Entwicklung, die der kirchliche Protestantismus nach Luther genommen hatte, mit aller Schärfe ab. Nietzsches Auftreten ist ein Zeichen eines sich in der Krise befindlichen Protestantismus, der die Unhaltbarkeit seiner gegenwärtigen Lage ankündigt. Bei diesem Manne liegt ein überkonfessioneller, ketzerischer Protestantismus vor, der an Stelle einer theologischen Lehre wieder den ursprünglichen, lebendigen Protest aufgenommen und weitergeführt hat. Er stellt den äußersten Endpunkt des Protestantismus dar, und deswegen ist es sachgemäßer, in ihm ein prophetisches Phänomen zu sehen, das in die moderne, religiöse Seelengeschichte hineingehört.

Das bleibende Bild von Nietzsche ist erst zu erkämpfen. Es ist dabei von dem geistigen Umsturz auszugehen, den Nietzsche auf christlichem Gebiet ausgelöst hat. Mit dem Aspekt des von den Mächten angerufenen Menschen ist eine neue Ebene gewonnen. Sowohl die christliche Verbrämung seiner rebellierenden Denkweise wie auch die atheistische Verkennung seiner religiösen Grundinstinkte sind damit im Prinzip überwunden. Die große Linie des widerspruchsvollen Metaphysikers wird sichtbar. Sie zieht sich durch das ganze Dasein Nietzsches hindurch, dessen Leben gleich weit entfernt war von braver Bürgerlichkeit wie vom sittlichen Anarchismus. Um die geisterhafte Linie in ihrer ganzen Tragweite zu erkennen, muß man sich jedoch darüber klar sein, daß das religiöse Leben sich noch in anderen Formen als nur in den überlieferten Ausprägungen vollziehen kann.

Nietzsche war eine religiöse Natur, die in einer unreligiösen Zeit nicht mehr den ihr entsprechenden Ausdruck finden konnte. Seine verborgene Zugehörigkeit zu der metaphysischen Welt kann durch keine atheistische Deutung widerlegt werden. Je mehr man in Nietzsche eindringt, um so stärker drängt sich die religiöse Interpretation auf. Der religiöse Grundtrieb beherrschte Nietzsches innerstes Wesen. Niemals bildet sein Kreisen um das Religiöse nur ein Rudiment aus seiner Jugendzeit, das er eigentlich hätte abstoßen sollen. In seiner ersten Schaffensperiode sprach Nietzsche verhältnismäßig wenig vom Religiösen, was mit seiner keuschen Scheu zusammenhängt, die ihm verbot, von inneren Angelegenheiten zur Unzeit zu reden: »Gerade religiöse und philosophische Grundanschauungen gehören zu den pudentis. Es sind die Wurzeln unseres Denkens und Wollens; deshalb sollen sie nicht ans grelle Licht gezogen werden[6].« Das religiöse Schamgefühl hat er im Laufe der Jahre immer mehr überwunden, und sein Werk mündet deswegen in der Fragestellung nach dem Christentum aus. Bereits Zarathustra ist nach Nietzsches eigener Meinung frömmer, als er glaubt, und es war seine Frömmigkeit, die ihn nicht mehr an Gott glauben ließ. Sogar ein so unvoreingenommener Beobachter wie Jakob Burckhardt sprach von dem »religiösen Akzent des Apostels, welcher Nietzsche eigen ist«[7], und zu Ida Overbeck gestand Nietzsche selbst, daß ein »überladenes, sich selbst aufhebendes Religionsbedürfnis« in ihm lebe[8]. Es war in ihm eine Sehnsucht nach einer echten Religiosität wach, welche freilich in der zweiten Hälfte des 19. Jahrhunderts kaum mehr gesichtet werden konnte. Dessenungeachtet war sein Innerstes bis zum Bersten erfüllt von dem Wunsch, dem Höchsten zu dienen, und er hat die Seligkeit und die Qual dieses Verlangens bis zur letzten Neige ausgekostet.

Nietzsche hatte sogar die Anlage zu einem Heiligen in sich; sie kam jedoch nicht zur Entfaltung. In der öden Kulturlosigkeit jener Zeit finden sich selten solch verstehende Worte für die Heiligen, wie sie Nietzsche gebrauchte, die zudem auf eine unterdrückte Zugehörigkeit schließen lassen: »So bedarf die Natur des Heiligen, aus dem das Ich ganz zusammengeschmolzen ist und dessen leidendes Leben nicht oder fast nicht mehr individuell empfunden wird, sondern als tiefstes Glücks-, Mit- und Einsgefühl in allem Lebendigen: des Heiligen, an dem jenes Wunder der Verwandlung eintritt, auf welches das Spiel des Werdens nie verfällt, jene endliche und höchste Menschwerdung, nach welcher alle Natur hindrängt und -treibt, zu ihrer Erlösung von sich selbst[9].« Nicht zufällig müssen aufgeschlossene katholische Leser bei der Lektüre der Schriften der Therese von Lisieux immer wieder an ihren kranken, kleinen Bruder Nietzsche denken[10]. Dabei bleibt es ewig schade, daß Nietzsche mit den großen Heiligengestalten gar nicht näher bekannt wurde. Weder das spanische Christentum noch die russischen Starzen traten je in seinen Gesichtskreis, wie denn überhaupt Nietzsche nie persönlich einem Christen von Format begegnete, was zum Unglück seines Lebens gehört. Der Einsiedler von Sils Maria hatte aber »eine schreckliche Angst davor, daß man ihn eines Tages heiligsprechen« könnte, und wehrte sich aus törichter Aufklärerei mit aller Vehemenz dagegen. »Ich will kein Heiliger sein, lieber noch ein Hanswurst[11].« Solche Befürchtungen braucht jedoch nur jemand zu hegen, dessen inneres Antlitz nach dieser Richtung schaut. Der Heiligkeitsgeruch ist nicht einfach von der Hand zu weisen, da Nietzsche wirklich mit diesem Typus etwas zu tun hatte. Er hat sein sorgsam gehütetes Geheimnis mit den Worten verplappert: »Künstler, Heiliger und Philosoph in einer Person zu werden: mein praktisches Ziel[12].« Ein verräterischeres Bekenntnis konnte ihm gar nicht entschlüpfen. In diesem hat Nietzsche selbst sein Innerstes mit nackten Worten ausgesprochen. In Turin nannten ihn die Wirtsleute wegen seiner asketischen Lebenseinstellung und seiner wohlwollenden Umgangsformen den »piccolo santo«; wenn darin auch ein spaßiger Ton mitgeklungen haben mag, so spiegelt sich in dieser Benennung doch der Eindruck wider, den Nietzsche als Persönlichkeit auf Menschen aus dem einfachen Volk gemacht hat. »Er hat so etwas Frommes an sich«, sagte eine Engländerin in Sils Maria von ihm, und selbst in seiner Wahnsinnszeit machte sich nach der Mitteilung seiner Mutter die »religiöse Stimmung mehr denn je in ihm geltend« und verlieh seinem Wesen etwas Rührendes[13].

Wie die Heiligen, besaß Nietzsche die Tränengabe, zu der er sich in seinen Briefen offen bekannte. Der Mann mit dem großen Schnurrbart hatte öfters entzündete Augen, nur deshalb, »weil ich jedesmal den Tag vorher auf meinen Wanderungen zuviel geweint, und zwar nicht sentimentale Tränen, sondern Tränen des Jauchzens; wobei ich sang und Unsinn redete, erfüllt von einem neuen Blick, den ich vor allen Menschen voraushabe«[14]. Nietzsche konnte weinen, und das ist bei einem männlichen Wesen immer eine Gnadengabe. Er hat mit Burckhardt zusammen geweint, als in Basel die Falschmeldung von der Beschießung des Louvre in Paris eintraf, und tränenüberströmt hat er sich an Overbecks Hals geworfen, als dieser ihn in Turin abholte. Noch in »Ecce homo« gestand er: »Ich weiß keinen Unterschied zwischen Tränen und Musik zu machen[15].« Der weinende Nietzsche ist eine ungewohnte Vorstellung, und doch gehört sie zu dem Aspekt, der ihn sub specie aeternitatis

. will. Er verbarg seine Tränen gar nicht, wie dies viele Männer tun, die nichts von ihrer lösenden Kraft nnen.

Es hängt mit der Tränengabe zusammen, daß Nietzsche wie wenige seiner Zeitgenossen der Inspiration zugänglich war. Während die Theologen damals unfruchtbar miteinander darüber stritten, ob die Bibel inspiriert sei oder nicht, erlebte Nietzsche selbst göttliche Erleuchtungen. »Der Begriff Offenbarung, in dem Sinn, daß plötzlich mit unsäglicher Sicherheit und Feinheit etwas sichtbar, hörbar wird, etwas, das einem im Tiefsten erschüttert und umwirft, beschreibt einfach den Tatbestand. Man hört, man sieht nicht, man nimmt, man fragt nicht, wer da gibt; wie ein Blitz leuchtet der Gedanke auf, mit Notwendigkeit, in der Form ohne Zögern – ich habe nie eine Wahl gehabt. Eine Entzückung, deren ungeheure Spannung sich mitunter in einem Tränenstrom auslöst, bei der der Schritt unwillkürlich bald stürmt, bald langsam wird; ein vollkommenes Außersichsein mit dem instinktiven Bewußtsein einer Unzahl feiner Schauder und Überrieselungen bis in die Fußzehen; eine Glückstiefe, in der das Schmerzlichste und Düsterste nicht als Gegensatz wirkt, sondern als bedingt, als herausgefordert, eine notwendige Farbe innerhalb eines solchen Lichtüberflusses[16].« Deutlicher kann man gar nicht das Bewußtsein haben, eine Idee nicht selbst ausgedacht, sondern sie geschenkt bekommen zu haben. Nietzsche war nur das Gefäß, dessen sich die ewigen Mächte bedienten. Geisterstimme, Tränengabe, Inspiration bekunden ein ekstatisches Erleben, dem man sonst nur bei den Heiligen begegnet, und diese Wahrnehmung zwingt förmlich, Nietzsche zu den religiösen Gestalten zu zählen. »Manches Wort bei Nietzsche scheint uns für eine echte, mystische Erfahrung zu sprechen«, schreiben auch neuere Forscher[17].

Allerdings steht man vor der merkwürdigen Wahrnehmung, daß Nietzsche diese Veranlagung wieder schnell mit andern Worten zudeckt. Einmal gesteht er selbst: »Er schämte sich seiner Heiligkeit und verkleidete sie[18].« Das ist ein vielsagendes Geständnis, das seine verkappte Tendenz enthüllt. Die schamhafte Verkleidung gehört zu Nietzsches innerstem Wesen. Das oft Verkrampfte und Hektische seines Gebarens ist durch die Bestrebung bedingt: Er wollte oft seine religiöse Anlage nicht wahrhaben und versuchte, sie mit Gewalt ins Gegenteil umzubiegen. Zuweilen überwand er jedoch alle Hemmungen der religiösen Keuschheit und behauptete allen Ernstes, daß alles, was Zarathustra, Moses, Jesus, Mohammed und Plato bewegte, auch in ihm lebe[19]. Noch im »Willen zur Macht« gesteht er: »Und wie viele Götter sind noch möglich! Mir selber, in dem der religiöse, das heißt der gottbildende Instinkt mitunter zur Unzeit lebendig wird: wie anders, wie verschieden hat sich mir jedesmal das Göttliche offenbart[20].« Es gilt, den gottbildenden Instinkt bei Nietzsche zu beobachten, der ihn bisweilen offen von der Schaffung eines weltlichen Klosters reden ließ, das zu seinen Wunschträumen gehörte. Aber nur selten und ganz spontan kamen derartige Äußerungen über seine Lippen, und alsbald verstummte er wieder.

In der Regel schämte sich Nietzsche nicht nur seiner religiösen Sehnsucht, er verbarg sie sogar unter einem Gewand des Spötters. Nietzsche liebte es, seine angebliche Irreligiosität zur Schau zu stellen und sich als einer aus der Rotte Korah aufzuspielen. Er steigerte sich absichtlich ins Gegenteil seiner Veranlagung hinein und wollte nach eigenem Geständnis noch mehr »Freigeist« sein, als er es überhaupt zu sein vermochte. Welch tragisches Verhängnis! Es ist doch eine bewußte Irreführung, wenn er in seinen autobiographischen Ausführungen behauptet, »eigentlich religiöse Schwierigkeiten zum Beispiel kenne ich nicht aus eigener Erfahrung«[21]. Derartige Aussagen sind aus Nietzsches Widerspruchsgeist zu erklären, über den er merkwürdigerweise auch im reifen Alter nicht Herr geworden ist. Bei allem Hohn über die Hinterweltler war Nietzsche eine ausgesprochen transzendental gerichtete Natur. Wie hätte er sonst von der schrecklichen Gestalt hinter seinem Stuhl angesprochen werden können. Seine Blasphemien sind wie so vieles bei ihm Maske, hinter der sich jedoch eine ganz andere Einstellung verbirgt. Nach Nietzsche hat ein Mensch mit Hintergründen viel bunten Vordergrund zur Täuschung nötig. Diese Wahrnehmung gilt sogar von seinem Sohn Zarathustra, der nach brieflichen Äußerungen nicht durchaus Nietzsches eigene Meinungen ausspricht. Wer bei diesem Philosophen das Maskenspiel nicht beachtet, auf das Ernst Bertram als erster aufmerksam gemacht hat, dem bleibt vieles, ja wohl das meiste an ihm unverständlich. Nietzsches Maskierung hat ebensowenig wie dasjenige Kierkegaards etwas mit Unredlichkeit zu tun. Schauspielerei gegen sich selbst flößte Nietzsche stets Ekel ein, und nur die Täuschung nach außen war ihm begreiflich. Gleichwohl hielt es Nietzsche ohne ein schauspielendes Schauspielen nicht aus; er war eine am Mißverstandenwerden sich ergötzende Natur. Allerdings darf durch die Betonung des Maskenspiels nicht alles, was sich einer Nietzsche-Interpretation unbequem in den Weg stellt, einfach weggedeutet werden. Vielmehr ist diese Erkenntnis eine Veranlassung, Nietzsches eigenem Hinweis nachzukommen und den Satz seines Lebens rückwärts zu lesen, wodurch man dem Aspekt sub specie aeternitatis viel näher kommt.

Nietzsches Haltung war eine religiöse Auflehnung gegen die Religiosität. Aus diesem ungewöhnlichen Vorgehen konnte nur eine tiefgehende geistige Revolution entstehen. Durch ihn wurde ein jahrhundertealter Bau in die Luft gesprengt. Die ganze abendländische Überlieferung kam ins Gleiten; er erstrebte eine völlige Umgestaltung der religiösen Empfindung. Einen beispiellosen Bergsturz des Christlichen, der ungeheure Massen mit in die Tiefe riß und weites Gelände verschüttete, stellt Nietzsche dar. Wenige Gestalten lassen sich an religiösem Radikalismus mit Nietzsche vergleichen, seinen Bestrebungen war eine umwälzende Wirkung beschieden. Wer in der heutigen geistesgeschichtlichen Situation über den religiösen Standort Klarheit gewinnen will, darf nicht an Nietzsche vorbeigehen, der muß sich mit seinen Fragestellungen befassen, die den religiösen Umsturz des 20. Jahrhunderts einleiteten. Niemals liegt bei Nietzsche eine Religiosität vor, die im Grunde unreligiös ist. Man spürt unter der verdeckenden Hülle die treibenden Kräfte, die einem neuen, vertieften Religionsverständnis den Weg bereiten wollen.

Nietzsches Dasein scheint das Leben eines Professors zu

sein, der sein Kolleg liest und wegen Unpäßlichkeit oft in den Urlaub fahren muß. Aber das ist Vordergrund, durch den man sich nicht täuschen lassen darf. Die unartikulierten Worte jener unheimlichen Gestalt hinter seinem Stuhl verhallten nicht spurlos in der Luft. Die metaphysischen Mächte wirken sich immer als Explosivstoffe aus, die auch bei Nietzsche erschreckende Detonationen zur Folge hatten: »Ich kenne mein Los. Es wird sich einmal an meinen Namen die Erinnerung an etwas Ungeheures anknüpfen, an eine Krisis, wie es keine auf Erden gab, an die tiefste Gewissenskollision, an eine Entscheidung, heraufbeschworen gegen alles, was bis dahin geglaubt, gefordert, geheiligt worden war[22].« Nietzsche ist mit seinen bestürzenden Einsichten eine der erregendsten Erscheinungen der neuzeitlichen Geistesgeschichte, zumal er die religiösen Probleme der modernen Zeit und nicht diejenigen der vergangenen Jahrhunderte zur Diskussion stellte. Es sind die heimlichen Fragen des heutigen Menschen, die er in seinen Schriften zur Sprache bringt und auf die auch er nicht die lösende Antwort findet. Darin besteht seine Aktualität, gegenüber der Fichte und Schelling in ihrer Fragestellung altertümlich anmuten, und das ist das heute im tiefsten Sinn Zeitgemäße an Nietzsche. Aus diesem Grunde wirkt Nietzsches Philosophie auf die modernen Menschen immer noch mit solch elementarer Kraft und bedeutet ihnen »ein Ereignis, das sich allenfalls nur vergleichen lasse einem besinnungsraubenden Taifun oder Erdbeben oder Vulkanausbruch«[23]. Der zu seinen Lebzeiten totgeschwiegene Nietzsche ist mit seiner religiösen Umwälzung eines der bestimmenden Grunderlebnisse der neuzeitlichen Menschen geworden, seine mitreißenden Ideen wirken in der Gegenwart wie ein ansteckendes Fieber. In Nietzsche kommt ein tiefer Notschrei der modernen Zeit, verbunden mit einem prophetischen Blick für das Kommende, zur Austragung. Man versteht das spezifisch moderne religiöse Denken, die bedrückende Verwirrung und das unklare Suchen des heutigen Menschen nicht, wenn man Nietzsche nicht in die Diskussion einbezieht. Es gilt, seinem leugnenden Unglauben und zugleich der glühenden Gottessehnsucht bis auf den Grund zu schauen. Die religiöse Not und die geistige Qual des Menschen ist in Nietzsche bis auf den Siedepunkt getrieben, in ihm sammelt sich dies alles wie in einem Brennpunkt. Alle modernen religiösen Sehnsüchte stauen, steigern und überstürzen sich schließlich in ihm, gleichsam wie in einem ungeheuren Katarakt, der entweder zur dunkelsten Gottlosigkeit oder zu einer wiedergeborenen Gläubigkeit führt. Mit Nietzsche ging eine Zeit zu Ende, und es begann eine neue, deren sphinxartiges Aussehen man zu deuten versuchen muß, denn sie gibt starken Anlaß zur abendländischen Selbstbesinnung.

Es ist deshalb nicht leicht, zu einem abschließenden Urteil über Nietzsche zu kommen. Nietzsches Werk ist vorwiegend in Aphorismen geschrieben, an denen er oft lange geschliffen hat. Ausdrücklich betonte er, sie bedürften nach der Lektüre einer Auslegung. Als aphoristischer Denker versteht er die Dinge blitzartig zu erhellen, was sich überaus geistvoll auswirkt. Doch werden dadurch die Probleme auch nur angebohrt und nicht zu Ende gedacht. Die vor den Augen des überraschten Lesers unvermutet aufleuchtenden und ebenso rasch wieder verlöschenden Gedankenblitze erschweren die Feststellung eines eindeutigen Resultats. »Von heute aus gesehen« ist es ohnehin unmöglich. Er kann nur von einem ewigen Gesichtspunkt aus gesichtet werden, der um die Wahrheit der Paradoxie Bescheid weiß. Sie läßt die Auffassung von Nietzsche als dem »rettungslosesten Ästheten« und dem pädagogisch unverantwortlichsten Denker weit hinter sich. Vielmehr weiß sie, daß man Nietzsche nicht wörtlich glauben darf, wenn man nicht in die Irre geführt werden will. Weit eher ist es angebracht, Nietzsche mit »einer Mischung von Ehrfurcht und Erbarmen zu betrachten«, als eine »überbeauftragte Seele«, bei der man zuweilen erschreckt mit Thomas Mann ausrufen möchte: »Welch ein Sich-Versteigen in tödliche Höhen![24]«

Nietzsche verkörpert auf eine einzigartige Weise das metaphysische Schicksal der Neuzeit. Sowohl deren Größe als deren Tragik, deren Kühnheit und deren Scheitern ist bei ihm festzustellen. Keineswegs ist er nur ein Einzelfall, er beansprucht über sein individuelles Dasein hinaus Gültigkeit. Wie einst Luther das religiöse Schicksal des 16. Jahrhunderts widergespiegelt hat, so entspricht Nietzsches geistiges Empörertum der Neuzeit. In ihm lebte nicht nur der verfrühte Jubel, sondern auch alle Qual des modernen Menschen, der in einer Gegenwart steht, die keine Zukunft kennt. Gerade das schmerzhaft Versagende in seinem Versuch muß im Gegensatz zu dem unkritischen Nietzsche-Kult deutlich gesehen werden. Ein helles Bewußtsein für sein tragisches Schicksal lebte in ihm: »O mein Bruder, wer ein Erstling ist, der wird immer geopfert. Nun aber sind wir Erstlinge. Wir bluten alle an geheimen Opfertischen, wir brauen und braten alle zu Ehren alter Götzenbilder[25].« Nietzsche zeigt den Zerfall der Moderne an und schaut dabei sehnsüchtig nach einer Wendung aus. Er ist als Durchgang anstatt als Ziel zu verstehen, in seinem Auftreten ist er eine neuzeitliche Bileamsgestalt, die oft anderes aussprechen mußte, als sie eigentlich wollte.

In Nietzsche vollzog sich das leidvoll religiöse Suchen der Neuzeit in vorwegnehmender – man ist fast versucht zu sagen –, in stellvertretender Weise. Da ihm sowenig wie der ganzen Moderne ein Finden beschieden war, ähnelt sein Tun einer freiwilligen Selbstkreuzigung. Seine tragische Sendung verbietet es, sich seiner so gierig zu bemächtigen, wie dies nach seinem Tode geschehen ist. Weder Ablehnung noch Zustimmung ist am Platze; man erinnere sich nur jenes Zarathustrawortes, das dem Beurteiler scheue Zurückhaltung gebietet: »Und legte ich noch mein Heiligstes zum Opfer hin: flugs stellte eure ›Frömmigkeit‹ ihre fetteren Gaben dazu: also daß im Dampfe eures Fettes noch mein Heiligstes erstickte[26].« Nietzsches Los war eines der allerschwersten: der wirklichen Berührung mit den Mächten vermochte er nur in erschütternder Negation Ausdruck zu geben, weil ihm – wie der ganzen Neuzeit – die letzte Begnadung fehlte. Die hinter ihm ertönende Stimme flüsterte ihm lauter schreckliche Worte zu. Nietzsche wußte wie wenige um das Göttliche, aber infolge seiner Verstrickung mit dem religiös unfruchtbaren Jahrhundert fand er für den Anruf von oben nicht die adäquate Antwort. So blieb er »zwischen Seligkeit und Verdammnis« hängen[27]. Die letzte Erfüllung blieb ihm versagt, und deswegen kann das Nietzschebild sub specie aeternitatis weder aus Bejahung noch aus Verneinung bestehen, sondern einzig aus der überlegenen Verbindung von Ja und Nein. Das Urteil wäre von Aphorismus zu Aphorismus in höchster Verantwortung zu fällen, stets vom Ewigen und nie von der bloßen Zeitlichkeit aus. Auf Nietzsche lassen sich letztlich einzig die Worte anwenden, die er selbst über Herder gebrauchte und die sowohl aller Überschätzung als aller Unterschätzung ein Ende bereiten: »Er besaß im höchsten Maße den Sinn der Witterung, er sah und pflückte die Erstlinge der Jahreszeit früher als alle anderen, welche dann glauben konnten, er habe sie wachsen lassen: sein Geist war zwischen Hellem und Dunklem, Altem und Jungem und überall dort wie ein Jäger auf der Lauer, wo es Übergänge, Senkungen, Erschütterungen, die Anzeichen inneren Quellens und Werdens gab: die Ursache des Frühlings trieb ihn umher, aber er selber war der Frühling nicht[28].«

Sie hätte singen sollen, diese neue Seele

Der siebzehnjährige Pfortaschüler schrieb einen deutschen Aufsatz über Hölderlin, in der Form eines Briefes an einen Freund, »indem ich ihm meinen Lieblingsdichter zum Lesen empfahl«. Nietzsche liebte diesen »hellenischen Mönch«; die innere Gewalt der Hölderlinschen Dichtung hatte es ihm angetan, und er stellte sich ganz auf seine Seite. Der Schüler behauptete, Hölderlins »Verse entquellen dem reinsten, reichsten Gemüt, diese Verse in ihrer Natürlichkeit und Ursprünglichkeit, die Anmut und Formgewandtheit Platens verdunkelnd, diese Verse, bald im erhabensten Odenschwung einherwogend, bald in die zartesten Klänge der Wehmut sich verlierend«. Der junge Nietzsche pries auch das Empedokles-Drama und erblickte »in dessen schwermütigen Tönen die Zukunft des unglücklichen Dichters, das Grab eines jahrelangen Irrsinns, aber nicht, wie Du meinst, in unklarem Gerede, sondern in der reinsten sophokleischen Sprache und in einer unendlichen Fülle von tiefsinnigen Gedanken«. Schließlich hatte es ihm die Prosa des Hyperion angetan, die »in der Erhabenheit und Schönheit der darin auftauchenden Gestalten auf mich einen ähnlichen Eindruck machte wie der Wellenschlag des erregten Meeres«. Nach Nietzsches jugendlichem Urteil erhebt sich Hölderlin »zur höchsten Idealität, und wir fühlten mit ihm, daß dies sein heimatliches Element war«. Wenn er den Deutschen

»bittere Wahrheiten« sagte, so ist dies »leider nur oft allzu begründet« und »mit der größten Vaterlandsliebe vereinbar, die Hölderlin auch wirklich in hohem Grade besaß. Aber er haßte im Deutschen den bloßen Fachmenschen, den Philister[1]«.

Man kann diese Worte des Gymnasiasten Nietzsche nur mit Staunen lesen, von dem man sich gar nicht erholen kann. Die Überraschung ist um so größer, als Hölderlin damals den meisten Deutschen kaum dem Namen nach bekannt war. Der von Schiller verkannte Dichter wurde bei Lebzeiten nicht gelesen, und nach seiner jahrzehntelangen Umnachtung versank er vollends in das Grab der Vergessenheit. Niemand interessierte sich zu jener Zeit für Hölderlin. Als der Philosoph Windelband zu Ende der siebziger Jahre – also beinahe zwanzig Jahre nach Nietzsches Schüleraufsatz – in Straßburg einen Vortrag über Hölderlin hielt, machte er keinen Versuch, dessen Poesie seiner Zuhörerschaft nahezubringen, was er als ein vergebliches Unternehmen beurteilte. Er hoffte nur, deren Anteilnahme für das tragische Geschick des Dichters zu wecken. Es dauerte noch ein halbes Jahrhundert bis zur Wiederentdeckung Hölderlins.

Hier aber stieß ein siebzehnjähriger Schüler auf den Dichter und erkannte sogleich sein wahres Antlitz. Nietzsche begegnete in Hölderlin einer verwandten Seele und hat in ihm den Bruder gespürt, weshalb sich an ihm seine Begeisterung entzündete. Es ist der keimende Dichter in Nietzsche gewesen, der die unsterbliche Poesie Hölderlins entdeckte. Schon allein das seelische Grüßen zwischen den beiden Menschen sollte das verständnislose Urteil über

Nietzsche unmöglich machen. Hölderlin und Nietzsche sind Geistesverwandte, denen die tiefe Aufmerksamkeit, mit der sie die Griechen betrachteten, und die Fähigkeit, ganz verschüttete Bereiche des griechischen Lebens sichtbar zu machen, gemeinsam ist. Seelenverbindend zwischen ihnen ist auch »das Staunen, die Bewunderung, die mächtige Steigerung des Lebensgefühls, die sie angesichts dieser versunkenen Welt ergreift«[2]. Nietzsches Aufsatz über Hölderlin ist die erste Enthüllung seiner wahren Seele. Sie zu übersehen heißt bereits den Ansatz von allem Nietzsche-Verständnis verfehlen.

Freilich schrieb der Oberlehrer unter Nietzsches Aufsatz die korrigierende Bemerkung: »Ich muß dem Verfasser doch den freundlichen Rat erteilen, sich an einen gesunderen, klareren deutschen Dichter zu halten[3].« Wiederum ereignete sich das leider oft wiederkehrende Vorkommnis, daß durch die Befangenheit einer Lehrerpersönlichkeit die keimende Saat in der Seele eines jungen Menschen jäh verwüstet wurde. Es ist nicht bekannt, wie Nietzsche die törichte Glosse des Oberlehrers aufgenommen hat, aber offensichtlich ging sie nicht spurlos an ihm vorüber. Nietzsche pflegte die Liebe zu Hölderlin nicht weiter, und der Dichter, der für seine geistige Entwicklung am wichtigsten hätte werden können, verschwand mehr und mehr aus seinem Gesichtskreis. Tragischerweise gehörte Nietzsche zu den Menschen, die nicht alle Erkenntnisse festzuhalten und auszubauen imstande sind. Wie die jugendliche Bach-Begeisterung durch die unglückliche Wagner-Beziehung zugedeckt wurde, so vertauschte er Hölderlins Gedichte mit Stendhals Romanen, was nicht anders als ein Abstieg gewertet werden kann. Der Aufsatz über Hölderlin zeigte Ansätze, was aus Nietzsche hätte werden können, wenn er nicht unter die Gewalt des 19. Jahrhunderts geraten wäre. Er wäre ohne Zweifel zum ersten Entdecker und würdigen Fortsetzer Hölderlins geworden, denn er trug die Berufung in sich.

Wenn die Randbemerkung des Oberlehrers sich auch verhängnisvoll auswirkte, eines vermochte sie doch auf die Dauer nicht: den in Nietzsches Gemüt schlummernden Dichter endgültig zum Verstummen zu bringen. Nietzsche war in eminent starkem Maße ein Künstler. Schon seine leidenschaftliche Liebe zur Musik verrät seine musische Seele, und zahlreich sind die erhellenden Bemerkungen über musikalische Schöpfungen. Er bewertete ein Leben ohne Musik als Irrtum, während er zur Malerei ein viel geringeres Verhältnis besaß. Die persönliche Begabung lag jedoch in der Richtung des Dichterischen. Es ist nicht angebracht, Nietzsche als Dichter zu überschätzen und ihn in einem Atemzug mit Goethe zu nennen. Das wäre eine Unbesonnenheit. Aber er hatte eine starke dichterische Ader, sie brach in seinem Leben immer wieder hervor. Dichter sein hieß für ihn sowohl edle Poesie hervorbringen als auch ein Mensch mit Intuition sein, der das Kommende wittert und Sinn für das Werdende besitzt. Das Dichterische war bei ihm eng mit dem Prophetischen verwandt und hatte am Schöpferischen Anteil. Der echte Künstler ist aber immer mit dem Göttlichen und nicht mit dem Dämonischen verbunden, was ein modernes Mißverständnis ist. Alle bedeutende Produktivität ist ein Geschenk des Himmels, eine Einsicht, die allein schon verbietet, Nietzsche als einen luziferischen Geist zu bezichtigen und abzulehnen.

Um seiner dichterischen Begabung willen darf Nietzsche nicht ausschließlich als Philosoph verstanden werden. Gewiß wollte er dies auch gerne sein, aber in seinem tiefsten Wesen war er doch nicht der Mann der exakten Begriffe. Wer bei ihm genaue Definitionen über diese oder jene Ideen sucht, der wird notwendig enttäuscht. Alle präzisen Begriffsbestimmungen liegen seiner beschwingten Seele fern. Er war imstande, die gleichen Begriffe sowohl positiv als negativ zu verwenden und seine Verneinungen dialektisch als verborgene Bejahungen aufzufassen. Er selbst hatte das Bewußtsein, daß »seine Worte andere Farben haben als dieselben Worte bei anderen Menschen«[4]. Seine Worte sind Musik, Bild und Symbol und vertragen nicht, gepreßt zu werden. Seine Seele ist ganz im Dichterischen beheimatet, und aus dieser Verwurzelung gingen auch die meisten seiner geistigen Eruptionen hervor, von denen keine der Wissenschaft angehörte. Der Glanz der Poesie liegt über zahlreichen Äußerungen Nietzsches, und oft ist der himmlische Schimmer da wahrzunehmen, wo man ihn gar nicht vermutete.

Von dichterischer Kraft ist zunächst einmal Nietzsches Prosa. Er verfügte über eine melodiöse Sprache; auch nicht der kleinste Rest ist bei ihm übriggeblieben von der ungelenken, verschnörkelten Sprache vieler Denker, deren Bücher zu lesen manchmal qualvoll ist. Nietzsche ist von diesem deutschen Gelehrtenlaster völlig frei, das entweder eine Rücksichtslosigkeit gegenüber dem Leser oder auch ein Mangel an eigener Klarheit ist. In auffallendem Gegensatz zu dem oft vertrockneten Philosophenstil steht das Aufgelockerte von Nietzsches Sprache, von der eine faszinierende Anziehungskraft ausgeht. Es ist die strömende Sprache des Tauwindes, des Übermutes, der Unruhe, des Widerspruches, des Aprilwetters; nach seiner eigenen Empfindung verrät sie »ein Vorgefühl von Zukunft, von nahen Abenteuern und wieder offenen Meeren«[5]. Als Dichter weiß Nietzsche um die charismatische Kraft, die in der Sprache liegen kann, um die Magie des Wortes, das auf den ewigen Logos zurückweist, der im Anfang war. Der Sich-selber-Gesetzgebende brachte in einem unablässigen Ringen um die neue Prophetie die Mächtigkeit des Wortes wieder zur Geltung, die die ganze Welt des Geistes in Brand versetzte. Er schrieb einen hinreißenden Stil, der wie Wasserwogen dahinfließt und der beinahe von einem verführerischen Glanz ist. Seine Prosa hat viel dazu beigetragen, daß Nietzsche von so vielen Menschen gelesen wurde, auch von solchen, die mit seinem Wesen gar nichts zu tun hatten und ihn demzufolge mißverstehen mußten.

Noch stärker zeigte sich Nietzsches dichterische Begabung in seiner Lyrik. Er hat Verse von berauschender Schönheit geschrieben, die einem ins Ohr gehen und nicht mehr daraus heraus wollen. Er gebrauchte Wortbilder von einmaliger Leuchtkraft. Die »Lieder des Prinzen Vogelfrei« und die »Dionysos-Dithyramben« nehmen in Nietzsches Werk einen hervorragenden Platz ein. In ihnen offenbart sich auf eine unheimlich schöne Weise sein dichterisches Ingenium. Statt vieler sei nur das Gedicht herausgegriffen:

Oh Wunder! Fliegt er noch?
Er steigt empor, und seine Flügel ruhn?
Was hebt und trägt ihn doch?
Was ist ihm Ziel und Zug und Zügel nun?

Er flog zu höchst – nun hebt
Der Himmel selbst den siegreich Fliegenden:
Nun ruht er still und schwebt,
Den Sieg vergessend und den Siegenden.

Gleich Stern und Ewigkeit
Lebt er in Höhn jetzt, die das Leben flieht
Mitleidig selbst dem Neid –:
Und hoch flog, wer ihn auch nur schweben sieht!

Oh Vogel Albatros!
Zur Höhe treibt's mit ew'gem Triebe mich.
Ich dachte dein: da floß
Mir Trän' um Träne – ja, ich liebe dich![6]

Zu den dichterischen Werken Nietzsches gehört auch »Zarathustra«. Zwar wurde »Zarathustra« immer als das philosophische Bekenntnis erachtet, und er selbst hat alles getan, daß es in diesem Sinne aufgenommen wurde. Aber dies ist doch nur die eine Seite von ihm und vielleicht nicht einmal die wichtigste, zumal die darin aufgeführten Argumente oft geringe Beweiskraft haben. »Zarathustra« ist vor allem als freilich nicht ganz gelungene Dichtung zu würdigen; dichterisch ist schon die Art, wie er entstanden ist. Nietzsche erzählt, daß er an einem Vormittag auf einer herrlichen Straße in die Höhe ging, an Pinien vorbei und weitaus das Meer überschauend, und er des Nachmittags die ganze Bucht von Santa Margherita bis nach Portofino erwanderte. Auf diesen beiden Wegen sei ihm der ganze erste Teil von »Zarathustra« in den Sinn gekommen, wie er sich ausdrückt, er habe ihn als Typus überfallen. In die Richtung der Dichtung weist bereits die rhythmisierte Sprache, die so viel von der Bibel übernommen hat. Gerade die hieratische Sprache ermöglichte die unübersehbare Verbreitung des Werkes, das durch gedankenlose Popularisierung zugleich schwer gelitten hat. Seither laufen dem Leser viele Worte Nietzsches bis zum Überdrüssigwerden nach, nicht anders, wie es bei Goethes Faust geschehen ist. Die allzu häufige Zitierung ist ein Mißbrauch, wofür der Verfasser nicht verantwortlich gemacht werden kann. Abgesehen von diesem unerfreulichen Nebenergebnis, hat es in »Zarathustra« wundervolle Bilder und Ausführungen. Je mehr sie vom künstlerischen Standpunkt aus gewürdigt werden, um so leuchtender enthüllen sich ihre Schönheiten. Ein Dichter von allem hat in »Zarathustra« seine Seele verströmt und sich mit seinem visionären Denken der religiösen Sphäre genähert. Natürlich hat es nicht an Leuten gefehlt, die sich über den »Surenton, die Antithetik und die Wortschizophrenie« aufgehalten haben und darin die echte Unschuld vermißten. Dies ist offenbar aus einer mäkelnden Einstellung heraus gesprochen, die es liebt, das Strahlende zu schwärzen. Unvoreingenommen kann man das künstlerische Niveau und den liedhaften

Schwung nicht in Abrede stellen. Man darf das Werk »vielleicht unter die Musik« reihen[7]. Nietzsche selbst betrachtete »das Buch so fein, so schön, daß man Götterblut in den Adern haben muß, um seine Vogelstimme zu hören«[8]. Nach Berdiajew ist »der ›Zarathustra‹ das gewaltigste menschliche Buch ohne Gnade«[9]. Das widerspruchsvolle Urteil deutet das Geheimnis des Werkes an, in dieser Dichtung sind tatsächlich Schönheit und Unerlöstheit eine tragische Verbindung eingegangen.

Es ist schade, daß Nietzsche nicht in erster Linie Dichter geblieben ist. Dieses Gefühl hat ihn selbst zuweilen wehmütig gestimmt, und aus einer solchen Einsicht heraus sind die Worte geflossen: »Sie hätte singen sollen, diese neue Seele.« Sie hat es hie und da getan, und lerchenhaft genug hat es getönt. Von Nietzsche gibt es eine Anzahl Gedichte, die bleiben werden. Er ist zum allermindesten als Dichterphilosoph in die Geschichte eingegangen, und seine künstlerischen Schöpfungen gehören zu seiner liebenswertesten Seite. Doch hätte diese hölderlinverwandte Seele in Nietzsche noch mehr singen sollen, denn die Gabe des Gesanges war ihr verliehen. Eine herrliche Dichtung wäre dann entstanden, voll Subtilität und Unmerklichkeit, die beide zum Unsichtbaren hinweisen. Es ist, wie Rosanow einmal sagte: »Nicht der Faustschlag wirkt. Nebel, Anspielungen, geheimnisvolles Flüstern, nahezu wortlose Klagen, ein Blick der Augen, Blässe der Wangen sind wirksam, nicht aber offenkundige Auseinandersetzung oder Gezänk der Gasse[10].« Dieses Mysterium wäre von Nietzsches neuer Seele besungen worden, Ansätze für das Indirekte und Unergründliche hat er auch in seinen Gedichten angedeutet. Man kann es gar nicht genug bedauern, daß sich Nietzsche dem Lächeln, der Grazie, der Zartheit und dem Spiel nicht vorbehaltlos hingegeben hat, es wäre ein wundervoller Blütenzweig des Lebens daraus entstanden.

Statt dessen gewann die Auffassung des alten Solon, »die Dichter lügen zu viel«, immer mehr Macht über ihn. Nietzsche verstand den Vorwurf im außermoralischen Sinn: sie verklären das Dasein, anstatt es zu ergründen. Sie vergolden mit ihren perlenden Versen das Leben und verfälschen damit die Wirklichkeit. Er wollte nicht länger im Liede den Menschen die himmlische Speise vermitteln, die nach seinem Dafürhalten mit den gewöhnlichen Realitäten in allzu krassem Widerspruch steht. Von diesem Gedanken getäuscht, begann sich Nietzsche seit der Herausgabe von »Menschlichem-Allzumenschlichem« in das positivistische Gewand zu kleiden, das zu seinem Wesen so schlecht als nur möglich paßte. Er bezeichnete sich als den Mann, der die naturwissenschaftlichen Erkenntnisse auf die Geisteswissenschaft übertragen müsse, und verfing sich dabei in einem platten Rationalismus, über den man nur erröten kann. Sich der geistlosen Nüchternheit des 19. Jahrhunderts zu verschreiben, war nicht seine Mission, sondern eine Selbsttäuschung, die ihn um seine tiefste künstlerische Leistung gebracht hat.

Da die Dichter des Daseins bittere Quelle zu versüßen bestrebt sind, kam sich Nietzsche in einer verkehrten Lage vor, und seinem Munde entrang sich die schwerblütige Klage: »Nur Dichter – nur Narr[11].« Nicht nur einmal ist er in diese rätselvollen Worte ausgebrochen. Auch Zarathustra selbst schämte sich, daß er noch Dichter sein müsse, während man doch nichts sehnlicher wünschte, als daß er ausschließlich Dichter geblieben wäre, anstatt in den polemischen Predigerton zu verfallen. Nietzsches Seufzer »nur Dichter – nur Narr« zeigt, daß er sich zuweilen auch seines Dichtertums schämte, es kam ihm zuwenig männlich vor, und er brachte es mit seiner Machtphilosophie nicht in Übereinstimmung. Der holde Sang schien ihm zuwenig zu sein, und er verglich sich beinahe mit einem Gaukler oder Seiltänzer. Im industrialisierten 19. Jahrhundert, wo die Geldgeschäfte und die Militärparaden das Antlitz der Zeit bestimmten, ist der Dichter eine zutiefst unzeitgemäße Erscheinung, ein Luxusartikel, für den man nur noch geringe Verwendung hat. Er steht fast als Hofnarr der bürgerlichen Gesellschaft da. Nietzsche hat dieses Schicksal deutlich gespürt und nicht allezeit den Glaubensmut gefunden, zu der Auserwählung des dichterischen Narren ja zu sagen. Nicht in der Motivierung, aber im Resultat war ihm ein ähnliches Dichterlos wie Kierkegaard beschieden.

Die geteilte Einsicht, »sie hätte singen sollen, die neue Seele« und »nur Dichter – nur Narr« schuf eine Zwiespältigkeit, an der sich Nietzsche wundreiben mußte. In dieser unheilvollen Verknüpfung ist die Nietzsche-Tragödie beschlossen. Sie reichte tief in seine Wurzeln hinab und ist nur aus der äußerst komplizierten Veranlagung dieses Mannes zu erklären, die jede in sich abgerundete Darstellung seiner Persönlichkeit unmöglich macht. Dem gründlichsten Vorgehen gelingt es nie ganz, seiner habhaft zu werden. Er schlüpft immer wieder durch die Netzmaschen hindurch und steht zuletzt lachend draußen, in dem Augenblick, da man glaubt, ihn wirklich eingefangen zu haben. Von den vielen schwer zu verstehenden Gestalten ist Nietzsche vielleicht am schwersten faßbar, weil er neben fragwürdigen auch großartige Erkenntnisse vertritt. Es ist beinahe undenkbar, das Drängende der Gedanken dieses Menschen zu einem Abschluß zu bringen; es sind der Disharmonien zuviel darin. Nietzsche ist ein Denker, der sich in seiner Lebendigkeit fortwährend verwandelnd auch gegen sich selbst kehrt, und ein Dichter zugleich, der sich gegen das eigene Dichtertum auflehnt. Zum vorneherein verfehlt ist jeder Versuch, ihn auf einen Nenner zu bringen und als eine Einheit zu erfassen. Die innere Gegensätzlichkeit besteht nicht nur in religiöser Beziehung, sie ist auch auf allen andern Gebieten wahrzunehmen. Selbst die beste Monographie wird nie den ganzen Nietzsche wiedergeben, sie kann immer nur gewisse Seiten an ihm herausarbeiten. Keine Interpretation wird den Anspruch erheben dürfen, »den wahren Nietzsche« erfaßt zu haben. Das hängt nicht nur mit dem Reichtum seines Werkes zusammen, das von einer seltenen Vielseitigkeit ist, sondern vor allem mit der zwielichtartigen Oszillation seiner Persönlichkeit, deren Doppelschichtigkeit der inneren Einheit entbehrt. Es sind gleichsam mehrere Gestalten in Nietzsche beschlossen, die sich gegenseitig befehden und oft beinahe aufheben. Bei diesem Dichter gibt es eine Oberströmung und eine Unterströmung, und beide laufen nicht in der gleichen Richtung. Mehrere Schichten sind in seiner Persönlichkeit übereinander gelagert, und »das Problem Nietzsche ist vielfältig und verwickelt, dunkel und schwer«[12], weil er eine mit sich selbst verfallene Dichterseele war. Tiefe Widersprüche gehen durch sein Denken hindurch, die nie in Harmonie aufgelöst werden können und beinahe zu seiner Selbstzerstörung führten. Sie machen Nietzsche zu jenem aufregenden Rätsel, dem nie restlos beizukommen ist. Man mag es immer wieder von den verschiedensten Seiten in Angriff nehmen und mit ihm stets aufs neue ringen, er läßt sein Geheimnis nicht los, und man wird ihm nie auf den Grund kommen. Nietzsche ist ein Januskopf, der mit einem »Doppelblick in die Welt« schaut, von dem der eine mit der Vergangenheit abrechnet und der andere in die Zukunft blickt[13]. Er ist mit einer schillernden Doppelseele behaftet, wie er sich ausdrückt: »Man muß den Gegensatz in sich haben – die zarte Empfindung und die Gegenmacht, nicht zu verbluten, sondern jedes Unglück wieder plastisch zum Besten zu verwenden[14]. Der Verfasser des »Zarathustra« ist ein Zweiseelenmensch, was vor allem in bezug auf seinen Haß gilt. Nietzsche bekämpfte sehr oft das, was ihm selbst in höchstem Maße eigen war, so daß von einem Liebeshaß als Ausdruck des Bruderzwistes in der eigenen Brust gesprochen werden muß. Auch darf nicht übersehen werden, daß Nietzsche kaum je offen von seinem Werden gesprochen hat. In seiner Keuschheit, die oft übersehen wird, verbarg er scheu seine innersten Erlebnisse und hoffte allezeit, unenträtselt zu bleiben.

Wenn auch Nietzsche von sich sagte, »das eine bin ich und das andere sind meine Schriften«, so fällt er doch nicht in zwei Hälften auseinander. Das Verbindende ist das Dichterische in ihm, das viel stärkere Beachtung verdient, als ihm gemeinhin zuteil wird. Dieser tragische Dichter, der immer wieder im letzten Schmerz über sein widerspruchsvolles Los erschauderte, war eine unheimliche Gestalt. Diesen Eindruck hatte auch Rohde, der einmal an Overbeck schrieb: »Eine unbeschreibliche Atmosphäre der Fremdheit, etwas mir damals völlig Unheimliches umgab ihn. Es war etwas in ihm, was ich sonst nicht kannte, und vieles nicht mehr, was sonst ihn auszeichnete. Als käme er aus einem Lande, wo sonst niemand wohnt.« Wer dieser Andersartigkeit eingedenk bleibt, der wird sich nicht anmaßen, Nietzsche verstanden zu haben, er wird sich aber vor dem Dichter verneigen, dessen Sang oft qualvoll verstummte. Was anderes soll am Platze sein als die tiefe Verbeugung vor dem Manne, der von sich sagen durfte:

»Ja! Ich weiß, woher ich stamme!
Ungesättigt, gleich der Flamme,
Glühe und verzehr' ich mich.
Licht wird alles, was ich fasse,
Kohle alles, was ich lasse:
Flamme bin ich sicherlich![15]«

Götzen umwerfen gehört zu meinem Handwerk

Die zweite Hälfte des 19. Jahrhunderts war in metaphysischer Hinsicht eine tote Zeit. Der Industrialismus und der Militarismus prägten die Situation, und das Kulturbedürfnis war zur Farce geworden. Das Aufkommen des Frühsozialismus mündete in den materialistischen Marxismus aus, und unfruchtbare Diskussionen zwischen Christentum und Naturwissenschaft beherrschten die religiöse Lage. Es war ein erschreckend leeres Zeitalter, in das Nietzsche hineingeboren wurde, von dem er wesentlich stärker abhängig ist, als gewöhnlich angenommen wird.

Nietzsche hat unter der Öde der modernen Zeit stark gelitten und die auflösenden Tendenzen gespürt, was bei seinem prophetischen Witterungsvermögen nahelag. In einer Welt des »als ob«, in der alle tieferen Werte durch Lärm und Sensation übertönt wurden, da die Zersetzung der Kultur begann und eine oberflächliche Bildung überhandnahm, blieb ihm nichts anderes übrig, als ein Unzeitgemäßer zu werden. Schon früh besann er sich auf die oppositionelle Haltung, und er hat sie denn auch ohne Zögern eingenommen. »Gegen die Zeit und dadurch auf die Zeit und hoffentlich zugunsten einer kommenden Zeit zu wirken«, wurde seine Losung[1]. Nietzsche gehörte zu den mit dem Bestehenden verfeindeten Menschen, die ihre

Heimat anderswo haben als in der Gründerzeit des Deutschen Reiches.

Wie ein neuer Gideon, der seine Tätigkeit mit dem Zerschlagen des Baalsaltars begann, so konnte sich auch Nietzsches erste Tätigkeit nur in einer rücksichtslosen Götzenzertrümmerung auswirken, die von der Überzeugung getragen war, daß es in der Welt mehr Götzen als Realitäten gebe. »Götzen umwerfen, das gehört schon eher zu meinem Handwerk«, gestand er selbst und hat damit seine Wirksamkeit selbst unübertrefflich charakterisiert[2]. Die Zertrümmerung aller hohlen Idole und die Auslüftung aller verpesteten Räume betrachtete der junge Nietzsche als eine seiner Hauptaufgaben. Das Aushorchen von Götzen ließ ihm keine Ruhe, und da Angreifen zu seinen Instinkten gehörte, stürzte er sich mit einem unerschrockenen Mut in diese Tätigkeit. In seinen Büchern »findet man einen ›Unterirdischen‹ an der Arbeit, einen Bohrenden, Grabenden und Untergrabenden«[3]. Mit einer »Fackel in den Händen, mit einer schneidenden Helle wird in diese Unterwelt des Ideals hinabgeleuchtet«[4]. Derart umschrieb Nietzsche seine Mission der Götzenzertrümmerung, die in die Forderung ausmündete: »Man muß die Kraft haben und von Zeit zu Zeit anwenden, eine Vergangenheit zu zerbrechen und aufzulösen, um leben zu können: dies erreicht man dadurch, daß man sie vor Gericht zieht, peinlich inquiriert und endlich verurteilt; jede Vergangenheit aber ist wert, verurteilt zu werden[5].« Nietzsches negative Bewertung der Vergangenheit ist aus seiner Zeit zu verstehen, die bereits keine echten Traditionswerte mehr kannte. An Stelle der heiligen Überlieferung waren leere Hülsen getreten, die Nietzsche veranlaßten, den »heuchlerischen Anschein, mit denen alle bürgerlichen Ordnungen übertüncht sind«, zu entlarven[6].

Die Situation bedingte, daß fast alle Schriften von Nietzsche große Kriegserklärungen an den Geist der Zeit waren. Sie richteten sich gegen die höheren Schulen, die nur einer brutalen Abrichtung dienen, »um mit möglichst geringem Zeitverlust eine Anzahl junger Männer für den Staatsdienst nutzbar, ausnutzbar zu machen«[7], gegen den »Hornvieh-Nationalismus«[8], gegen die moderne Staatsomnipotenz, gegenüber der Nietzsche die leider überhörte Parole ausgab, »so wenig Staat wie möglich«[9], und noch gegen viele große und kleine Götzen. Nietzsche hat in seinem Werk der Götzenzertrümmerung einen breiten Raum eingeräumt. Schonungslos hat er jahrtausendealte Heiligtümer entweiht und Altäre, vor denen die Menge andächtig kniete, gestürzt, hochheilige Überzeugungen hat er kaltblütig gemordet und eine Menge gedankenlos übernommene Vorschriften einfach durchgestrichen. Er vollführte diese Aufgabe mit brennendem Eifer und innerster Anteilnahme. Seinem leidenschaftlichen Kämpferdrang konnte nichts Genüge tun. Kaum lag ein Götze zertrümmert am Boden, so stürzte er sich auf den nächsten, um auch ihm alsogleich den Garaus zu machen. »Das Aufstören der Schläfrigkeit« war zeitweise seine einzige Lust. Er hat eine erstaunliche Sicherheit in der Wahl der zu bekämpfenden Gegner bewiesen und höchst selten einen Götzen umgestoßen, der es nicht auch verdiente, umgeworfen zu werden. In Nietzsche lebte der Wille, alle Gebilde der Menschen auf ihre Haltbarkeit und Lebendigkeit neu zu prüfen. Sein Drang zur Echtheit lebt von dem Mut, zur Wirklichkeit vorzudringen; keine falschen Pietätsrücksichten konnten ihn daran irremachen.

Nietzsches kritische Tätigkeit darf nicht nur negativ bewertet werden, als sei nichts Fruchtbares daraus hervorgegangen. Ein solches Urteil bestünde zu Recht bei einer Kritik, die durch reine Zerstörungslust und Freude an der Nivellierung bedingt ist. Nietzsches Kritik entsprach keiner negativen Einstellung. Nicht alle Kritik ist einerlei Kritik. Es gibt verschiedene Arten. Bereits den alttestamentlichen Propheten war vorwiegend die Aufgabe übertragen: aufzulösen und zu zerbrechen. Demnach gibt es auch eine prophetische Kritik. Sie ist von fundamentaler Bedeutung. Ihre Aufgabe war nur scheinbar ein bloßes Niederreißen. In Wirklichkeit diente sie dazu, freien Raum für Licht und Luft zu schaffen, die überall sich von selbst einstellen, wo morsche Gegenstände weggeräumt werden. Die prophetische Kritik verrichtet eine unumgängliche Vorarbeit; sie der nörgelnden Kritiksucht gleichzusetzen, wäre verfehlt. Jede neue Bewegung wirkt sich zunächst als eine Zerstörung vorangegangener Formen aus. Die Reformation des 16. Jahrhunderts zerschlug die ehrwürdigen Ausdrucksformen der jahrhundertealten katholischen Kirche. Ein ähnlicher Zerbrechungsprozeß war Nietzsche in der modernen Zeit aufgetragen, sagte er doch selbst: »Wenn wir Kritik üben, so ist es nichts Willkürliches und Unpersönliches – es ist, wenigstens sehr oft, ein Beweis davon, daß lebendige, treibende Kräfte in uns da sind, welche eine Rinde abstoßen. Wir verneinen und müssen verneinen, weil etwas in uns leben und sich bejahen will, etwas, das wir vielleicht noch nicht kennen, noch nicht sehen[10].« Die innere Notwendigkeit seiner prophetischen Kritik kann nicht in Abrede gestellt werden. Nietzsche konnte sein Werk nicht in die Welt setzen, ohne zuerst über eine Anzahl alter Erscheinungen das Todesurteil zu sprechen. »Immer vernichtet, wer ein Schöpfer sein muß«, spricht Zarathustra und fügt hinzu: »Verbrennen mußt du dich wollen in deiner eigenen Flamme: wie wolltest du neu werden, wenn du nicht erst Asche geworden bist[11].«

Worin aber besteht das Kriterium einer Kritik? Jeder aus einer Bejahung und nicht aus einer Verneinung hervorgegangene Einwand nähert sich der prophetischen Kritik. Nach Nietzsches Geständnis »gibt es eine Art zu verneinen und zu zerstören, welche gerade der Ausfluß jener mächtigen Sehnsucht nach Heiligung und Errettung ist«[12]. Man wird Nietzsches oft wütendem Um-sich-Schlagen nicht gerecht, verspürt man nicht dieses verkappte Bedürfnis nach Heiligung. Trotz aller Götzenzertrümmerung ist Nietzsche ein nach Verehrung lechzender Mensch. Emporzuschauen war sein verborgenes Verlangen, das er unter einer grimmigen Miene verbarg. Nicht Kritik um der Kritik willen war sein Bestreben, sondern es gilt, die unstillbare, aus allen Verstecken wieder hervorlugende Sehnsucht zu beachten, die Nietzsche dazu trieb, stets aufs neue den Spaten anzusetzen. Der Wille zum Zerbrechen der Vergangenheit lebte in ihm nur so weit, als dieses ruhelose Suchen einer Neuschöpfung diente. »Damit ein Heiligtum aufgerichtet werden kann, muß ein Heiligtum zerbrochen werden: das ist das Gesetz – man zeige mir den Fall, wo es nicht erfüllt ist[13].« Es ist beachtenswert, daß dieser mit dem Hammer philosophierende Mann ein Heiligtum aufzurichten wünschte. Was dient ein solches zu anderem, als davor anbetend zu stehen?

Das treibende Agens in Nietzsches götzenzertrümmernder Arbeit war eine leidenschaftliche Redlichkeit. Eine geradezu passionierte Wahrheitsleidenschaft loderte bereits im blutjungen Nietzsche, der die Worte schrieb: »Kommt es denn darauf an, die Anschauung über Gott, Welt und Versöhnung zu bekommen, bei der man sich am bequemsten befindet? Ist nicht vielmehr für den wahren Forscher das Resultat seiner Forschung geradezu etwas Gleichgültiges? Suchen wir denn bei unseren Forschern Ruhe, Frieden, Glück? Nein, nur die Wahrheit, und wäre sie höchst erschreckend und häßlich[14].« Ähnlich wie bei Lessing lebte in Nietzsche ein Heldentum der Wahrheitsliebe, das genau wußte, daß »die Liebe zur Wahrheit etwas Furchtbares und Gewaltiges ist«, bei der man auch vor allem den Mut aufbringen müsse, gegen sich selbst zu denken[15]. Es ging bei Nietzsche um die Sauberkeit, die Klarheit und die Reinheit des Geistes. Was vor dem Forum dieser Kategorien nicht standhielt, mußte fallen. Nur der, der von Nietzsches Geist kaum einen Hauch verspürt hat, kann ihm einen »Mangel an Wahrheitssinn« vorwerfen[16]. Im Gegenteil, es ist ein überaus eindrucksvolles Wahrheitspathos, das kaum noch einer Steigerung fähig ist, das hinter Nietzsches kritischen Ausführungen stand. Die verzehrende, oft bis zur Selbstzerstörung gehende Wahrheitsleidenschaft kehrte sich nicht selten ins Dämonische um und erhielt dann einen unheimlichen Charakter, denn aller Wahrheitsfanatismus wird zuletzt unfehlbar kalt. Auch Nietzsche ist dem gläsern werdenden Schicksal nicht allezeit entgangen. Keinem Menschen ist die Wahrheit gegeben; ihm enthüllen sich immer nur einzelne Wahrheitsaspekte, und ihre Verabsolutierung wirkt sich verderblich aus. Zuweilen mochte auch Nietzsche dies empfunden haben, aber er legte deswegen seinem Redlichkeitsbedürfnis keine Zügel an. Nicht erstrebte er Wahrheit als Formel oder Dogma, sondern ein unerbittliches Wahrsein und Wahrbleiben. Nietzsche empfand als das Neue in einer Stellung die Überzeugung, die noch kein Zeitalter besaß, auch das skeptischste nicht, daß es die Wahrheit nicht besitze. Aber dies war für ihn kein Ruhekissen, sondern eine Verpflichtung, die Wahrheit zu suchen, nicht vorzeitig müde zu werden und stets wieder umzulernen und neu zu prüfen. Er nahm »das freiwillige Leiden der Wahrhaftigkeit auf sich«[17], und durch diese Einsicht wurde seine Philosophie aus allem Intellektualismus herausgehoben. Nietzsche hat nicht nur das Ethos der Wahrhaftigkeit verkündigt, er hat auch um der Wahrheit willen gelitten, und das verbindet ihn mit dem Christen. Aus dem schweren Wahrheitsleiden heraus fragte Nietzsche: »Wieviel Wahrheit erträgt, wieviel Wahrheit wägt ein Geist?[18]« Mit dieser Problemstellung warf er eine große Anzahl neuer Fragen auf, die sich für das geistige Leben sowohl fruchtbar als gefährlich erwiesen.

In Nietzsches prophetischer Kritik ist ein schöpferisches Element enthalten. Seine Wegräumung aller Schuttmassen war eine Befreiungstat. Eine unbändige Auflehnung gegen jegliche Form von Knechtschaft leitete ihn bei seiner Götzenzertrümmerung, ihm war die Freiheit und immer wieder die Freiheit wichtig. Nietzsche gehörte zu den Menschen, die um die Freiheit wußten, seine kritische Arbeit erlöst den Menschen von allem Geist des Pfaffentums, das sich in der Welt stets breitmacht: von dem Pfaffentum in der Kirche, dem Pfaffentum in der Wissenschaft und dem Pfaffentum in den politischen Parteien. Dem Verfasser des »Zarathustra« geht es um Freiheit, dieses wunderbare und gefährliche Element weht durch alle seine Schriften hindurch, die den Leser deswegen zuletzt ganz trunken machen. Er ist der Mensch, in dessen Nähe man nach dem Zeugnis seines Freundes am freiesten atmete, und das gehört zum Schönsten, was man über einen Menschen sagen kann.

Die Auffassung, die die kritische Funktion Nietzsches in den Vordergrund rückt, geht auf Overbeck zurück, der hierin seine wesentliche Bedeutung sah: »Nietzsche war ein Genie, aber das Geniale an ihm lag in seiner Begabung als Kritiker[19].« Es war tatsächlich etwas Großes, was Nietzsche wollte, aber zum Größten, was er vollbracht hat, gehört seine prophetische Kritik und das, was er durch sie überwunden hat. Dieses Urteil Overbecks ist keine Verkennung Nietzsches, wie Bäumler und Jaspers sie diesem immer noch verkannten Kirchenhistoriker zuschreiben, sondern ein erster Hinweis auf eine Nietzsche-Deutung, die jenseits von Schmähung und Verherrlichung liegt und doch nicht im Lauen endigt. Overbeck rückte die kritische Sendung Nietzsches in den Vordergrund, im Gegensatz zu dem abstoßenden Kulte, den seine ihm wesensfremde Schwester in ihrer geschwätzigen, verfälschenden

Biographie mit dem »armen Bruder« getrieben hat. Ihrer verwerflichen Handlungsweise gegenüber macht es den bleibenden Wert der Overbeckschen Tradition über Nietzsche aus, dessen Kritik in den Mittelpunkt gerückt zu haben. Der treueste Freund hatte auch das Gefühl, mit einer »unerledigten Dankesschuld aus dem Leben zu scheiden«, wenn er »von ihm nicht zu andern gesprochen hätte«[20]. Mit der Betonung der kritischen Leistung ist keine Umkehrung von Nietzsches Rang verbunden. Erst unsere Zeit kann ermessen, wie dringend notwendig diese Aufräumungsarbeit in der zweiten Hälfte des 19. Jahrhunderts war. Ohne diese radikale Götzenzertrümmerung ist die weitere Entwicklung nicht vorstellbar. Das Zerbrechen der alten Tafeln mußte vorgenommen werden, und über die Zweckmäßigkeit dieser kritischen Arbeit ist keine ernsthafte Diskussion möglich.

Freilich ist damit auch auf die Grenze von Nietzsches kritischer Mission hingewiesen. Es wird stets wieder Phasen geben, die die prophetische Kritik auf den Plan rufen. Doch zur gegenwärtigen Stunde ist ihre Funktion überflüssig. Allzu groß ist das geistige Trümmerfeld in dieser Welt. Die kritische Funktion gehört in den Hintergrund gedrängt. In satirischer Form gegen Sport, Mode, Technik zu polemisieren ist eine Varietéangelegenheit geworden, sie strahlt keine helfenden Kräfte aus. Die Gegenwart erwartet vom Christen ein anderes Wort.

Dagegen zeigt Nietzsche mit seiner Kritik dem Leser den Weg, wie er sich zu ihm selbst zu verhalten hat. Auf jeden Fall nicht wie Peter Gast, der in kritikloser Bewunderung alles für gut fand, was Nietzsche schrieb, mochten es selbst Mitteilungen sein, die der ausbrechende Wahnsinn diktiert hatte. Diesem unselbständigen Adepten ist die Nachwelt, wie allen bloßen Steigbügelhaltern, zu keinerlei Dank verpflichtet. Vielmehr war es Overbeck, der »ebenso viele Anhaltspunkte zur Kritik als zur Verehrung Nietzsches hinterließ«[21]. Die Übergewissenhaftigkeit und die allzu große zeitliche Nähe haben es dem vorbildlichen Freund verwehrt, sie selbst zu einem Bilde zusammenzufassen. Aber Overbeck befand sich auf der richtigen Fährte des Nietzsche-Verständnisses, er war von aller blinden Nachäffung ebenso weit entfernt wie von der oberflächlichen Unterschätzung. Overbeck vermochte als erster durch den Vordergrund Nietzsches, der so viel Widerspruchsvolles zur Schau trägt, zu den hinter seinen Worten liegenden Tiefen vorzudringen.

Sicher wird jede objektiv-kühle Einstellung Nietzsche nicht gerecht. Er ist kein historisches Objekt, das man sine ira et studio analysieren kann. Man darf bei ihm auch nicht à tout prix ein System suchen. Er war viel zu stark von einem Sturm fortgetragen und an ferne Ufer verschlagen worden, als daß er ein abgerundetes System hätte aufstellen können. Aller angeblichen Objektivität zum Trotz ließ Nietzsche niemanden als Kenner seines »Zarathustra« gelten, »den nicht jedes seiner Worte irgendwann einmal tief verwundet und irgendeinmal tief entzückt hat«[22]. Er sprach überhaupt allem, »was Bier trinkt und nach Politik stinkt«, die Berechtigung zur Beurteilung ab[23]. Diesem Philosophen kann weder mit einem schulmäßigen Schema noch mit unbeteiligter Wissenschaftlichkeit begegnet werden. Man denke nur an Nietzsches eigene Worte: »Von allem Geschriebenen liebe ich nur das, was einer mit seinem Blute schreibt. Schreibe mit Blut, und du wirst erfahren, daß Blut Geist ist[24].« Er selbst hat nach diesem Rezept gehandelt, und deswegen verlangt er nach einer inneren Anteilnahme. Seine Fragen müssen auch dem Leser auf der Seele brennen; um Nietzsche zu verstehen, braucht es einen Sinn für ungelöste Probleme. Jener kommt ihm näher, der etwas von der »glühenden Asche« Nietzsches vor sich herstäubt, mit der Nietzsche alle trockenen Seelen in Brand setzen wollte. Eine leidenschaftliche Darstellung allein gibt das Gewitter einigermaßen adäquat wieder, das mit Nietzsche niederging. Man muß ein Sensorium für jene überbordenden Wahrheitserkenntnisse haben, mit denen seine Werke bis zum Bersten gefüllt sind. Nietzsche will vom Leser etwas. Er sucht ihn zu Entschlüssen zu drängen, die sein Leben umgestalten. Wie alles große Geschehen der Welt, so richtet auch Nietzsche eine Frage an den, der sich mit ihm einläßt, und auf die man eine Antwort geben muß.

Die leidenschaftliche Anteilnahme bildet die Voraussetzung aller Nietzsche-Begegnung, aber sie darf nicht in ihrer Wirkung eingeschränkt werden, daß man alles gut und großartig findet, was der Basler Philosoph geschrieben hat. Wenn man Nietzsches kritischer Sendung die wahre Treue halten will, so gehört die prophetische Kritik auch gegen ihn selbst angewendet. Man muß ihn mit dem gleichen kritischen Sinn befragen, wie er die Gestalten der Vergangenheit untersucht hat. Er ist auf dieselbe Weise anzubohren, wie er die Dinge unter die Lupe zu nehmen pflegte. Voller Erregung stellen sich die Fragen nach der Stichhaltigkeit seiner Argumente; war Nietzsches Vordergrund nicht oft mit seinem Hintergrund in direktem Widerspruch, ist man nicht genötigt, viele seiner Äußerungen in umgekehrtem Sinne zu lesen, um zu ihrer wahren Absicht zu gelangen? Bei aller kritischen Arbeit hat Nietzsche selbst wieder eine Reihe von Götzen aufgerichtet, die es verdienen, heute mit aller Entschiedenheit umgeworfen zu werden. Nietzsche hat viele unerfreuliche Dinge geschrieben, die man nicht aufrechterhalten darf und von denen man sich trennen muß. In seinen Schriften findet sich auch Lärmiges und Blechernes, Negatives und Schädliches. Man kann und darf nicht zum ganzen Nietzsche einfach ja sagen. Gerade seine wertvollen Einsichten verbieten es, ihn unbesonnen und total zu übernehmen. Für unkritische Leser wirkt Nietzsche vergiftend, und es geht nicht an, ihn als unbedingtes Vorbild hinzustellen. Nietzsche unternahm den respektablen Versuch, seine Zeit zu überwinden, aber diese Bemühung ist nicht ganz und restlos gelungen. Er blieb, ungeachtet seiner Götzenzertrümmerung, in ihren Voraussetzungen befangen, und sein Kampf wurde vorzeitig abgebrochen. Einzig die kritische Einsicht macht aus ihm keinen Götzen und erlebt seine Gestalt als eine lebendige Frage, die umstürzend wirkt. Es ist nicht Ehrfurchtslosigkeit, sondern Geist von seinem Geist, wenn man die Losung ausgibt: Man muß sich auch von Nietzsche ablösen!

Die Psychologie des Um-die-Ecke-Sehens

Nach Beendigung seiner vier »Unzeitgemäßen Betrachtungen« mit ihren kritischen Ausführungen veröffentlichte Nietzsche die Schrift »Menschliches-Allzumenschliches«. Mit ihr beginnt eine neue Phase in seinem Leben. Man hat Nietzsches mittlere Epoche wegen ihrer antimetaphysischen Einstellung schon die positivistische genannt, die ihn tatsächlich auch viel stärker mit seinen Gegnern verband, als er sich eingestand. Skeptische Menschen wie Burckhardt haben das Buch als einen Beitrag zur »Vermehrung der Unabhängigkeit in der Welt« begrüßt, und damit war von einem rein immanenten Standpunkt aus das größtmögliche Lob gespendet. Das neue Stadium war bedeutsam, weil es Nietzsches götzenumwerfende Tätigkeit auf einem Gebiet in konkreter Weise zeigt.

Von dem Zeitpunkt des »Menschlich-Allzumenschlichen« an wurde Nietzsche das Problem der Psychologie wichtig, das ihn eine Zeitlang dermaßen faszinierte, daß alles andere in den Hintergrund trat. Die psychologische Betrachtungsweise war wie ein neues Licht, das ihm aufging, ihn entzückte und blendete, so daß er sich ihm vorbehaltlos hingab. Das 19. Jahrhundert war das Zeitalter des Psychologisierens, das seinen Niederschlag in der Literatur von Frankreich über Skandinavien bis nach Rußland fand. Nietzsche schloß sich der Strömung an und nahm bald darin eine führende Stellung ein.

Er brachte es in der Behandlung der psychologischen Probleme zu einer überraschenden Meisterschaft. Auf eine nicht alltägliche Art verstand der kluge Artist, eine Schriftstellerin wie George Sand mit wenigen Sätzen auseinanderzunehmen. Er betätigte eine Psychologie, die mit einem Falkenblick die verborgensten Nuancen wahrnahm, die das Senkblei in die tiefste Tiefe des Menschen warf. Mit feinen Ohren vernahm er noch die leisesten, seelischen Geräusche im Menschen. »Ich prüfte alles, woran sich bis dahin überhaupt mein Herz gehängt hatte, ich drehte die besten und geliebtesten Dinge um und sah mir ihre Kehrseiten an, ich tat das Entgegengesetzte mit allem, woran sich bisher die menschliche Kunst der Verleumdung und Verhärtung am feinsten geübt hatte[1]«. Eine solch kühne und wagemutige Einstellung muß zu überraschendsten Ergebnissen führen, die außerhalb des Bereiches alles Gewöhnlichen liegen.

Gelernt hat Nietzsche die psychologische Kunst vor allem von einigen Dichtern, die sie vor ihm bereits ausgeübt hatten. Noch heute kann man von Romanschriftstellern hierin viel mehr lernen als aus allen Lehrbüchern der Psychologie. Die Romanciers verstehen es nun einmal, anschaulich den Menschen in seinem Bestreben darzustellen, sich im Innersten zu spalten und »sich zu riskieren«.

An erster Stelle hat Nietzsche selbst Stendhal genannt, »jenen merkwürdigen, vorwegnehmenden und vorauslaufenden Menschen, der mit einem napoleonischen Tempo durch sein Europa, durch mehrere Jahrhunderte der europäischen Seele lief, als ein Ausspürer und Entdecker dieser Seele; es hat zweier Geschlechter bedurft, um ihn irgendwie einzuholen, um einige der Rätsel nachzuraten, die ihn quälten und entzückten, diesen wunderlichen Epikureer und Fragezeichen-Menschen«[2]. Der Stendhalsche Typus war dem Nietzsche der mittleren Phase verwandt; ja er übertraf ihn noch an Kühnheit, ohne zugleich die Schwächen und Schattenseiten dieses glaubenslosen Romanciers überhaupt zu sehen, der trotz seiner Fähigkeit der Darstellung der erotischen Leidenschaften im Grunde eine kalte Seele hatte.

Später kam noch ein zweiter Dichter als Lehrmeister hinzu, und das war Dostojewskij. Ihn hat Nietzsche »den einzigen Psychologen« genannt, »von dem er etwas zu lernen hatte«, und die Entdeckung dieses »tiefen Menschen« zu den »schönsten Glücksfällen« seines Lebens gerechnet, bei dessen Lektüre er »vor Vergnügen ganz berauscht« wurde[3]. Nietzsche schrieb in einem Brief: »Ich schätze ihn andererseits als das wertvollste psychologische Material, das ich kenne – ich bin ihm auf eine merkwürdige Weise dankbar, wie sehr er auch immer meinen untersten Instinkten zuwider geht[4].« Es ist wirklich viel russische Psychologie in Nietzsches Schriften, die er vom Verfasser des Raskolnikoff gelernt hatte. Die gleiche hinter- und untergründige Menschenanalyse findet sich bei Dostojewskij und bei Nietzsche, die hierin eng zusammengehören. Doch darf die Verwandtschaft zwischen dem Russen und dem Deutschen nicht übertrieben werden. Nietzsche kannte die großen Romane Dostojewskijs aller Wahrscheinlichkeit nach nicht aus eigener Lektüre, und gerade die religiöse Psychologie hat er nicht von ihm übernommen.

Auf die nicht weniger tiefe Psychologie Kierkegaards wurde Nietzsche durch Brandes aufmerksam gemacht. Nietzsche hatte die Absicht, sich »mit dem psychologischen Problem Kierkegaards zu beschäftigen«, aber die bald nach diesem Vorhaben eingetretene Umnachtung hinderte ihn an der Ausführung[5]. Kierkegaards christliche Psychologie blieb dadurch ohne Einwirkung auf Nietzsche, und deswegen ist das personale Problem Nietzsches und Kierkegaards vorwiegend hypothetischer Natur, es ist eine unerfüllte Möglichkeit.

Die psychologischen Anregungen der Dichter wären nicht auf diesen empfänglichen Boden gefallen, wenn Nietzsche nicht ein großes Talent zur psychologischen Betrachtungsweise gehabt hätte. Er war zum Psychologen geboren, die Psychologie wurde seine Leidenschaft, und manchmal gewinnt man den Eindruck, für ihn seien Einsichten und Psychologie Synonyme gewesen. In seiner psychologischen Passion wurde Nietzsche zu dem kühnen Seelenerrater der abendländischen Geistesgeschichte, der bis dahin unerforschtes Gebiet durchdrang. »Jenes unterste Selbst, gleichsam verschüttet, gleichsam still geworden, unter einem beständigen Hörenmüssen auf andere Selbste«, brachte er wieder zum Reden[6]. Dabei erkannte er, daß die Selbsttäuschung eines der Grundthemen des menschlichen Lebens ist. Seine psychologische Spürnase enthüllte das Ressentiment als eines der wirksamsten Motive im seelischen Verhalten des Menschen.

Das psychologische Bestreben Nietzsches ging dahin, den Menschen bis auf den letzten Grund zu durchschauen: »Nackt sah ich beide, den größten und kleinsten Menschen – allzu ähnlich sind sie noch einander[7].« Die Bemühung, die innerste Substanz des Menschen bloßzulegen, machte Nietzsches Psychologie beinahe zu einer metaphysischen Angelegenheit. Lachend sagte er, »mein Genie ist in meinen Nüstern«, um dann in geradezu bestürzender Folgerichtigkeit zu der »Psychologie des Um-die-Ecke-Sehens« zu gelangen[8]. Die Formulierung erheischt eine nähere Erklärung. Sie deutet ein unheimliches Beginnen an, vor dem man unwillkürlich zurückschaudert. Menschlicher Fähigkeit entspricht es, in gradliniger Weise zu sehen. Wer jedoch die Kunst besitzt, um die Ecke zu sehen, bei dem stellt sich das Gefühl ein, daß es hierin nicht mit rechten Dingen zugehe. Um die Ecke sehen, das riecht doch beinahe nach Hexenküche und bösem Blick. Statt auf die einfachen Gemütsreaktionen zu achten, drang Nietzsche in die tieferen Schichten ein, die der Mensch sich selbst nicht eingesteht und die doch vorhanden sind. Mit geistigen Ultraviolettstrahlen durchleuchtete er den Menschen und nahm das undurchsichtige Labyrinth wahr, in dem sich der Mensch immer wieder verläuft und das als Symbol der modernen Seele aufzufassen ist. Diese Wahrnehmung hat schon die Frage nach sich gezogen: »Könnte man nicht auch vermuten, daß das Labyrinth bei Nietzsche die Stelle einnimmt, die bei Pascal der Abgrund innehat?[9]« Labyrinth und Abgrund sind überpsychologische Realitäten, die nach metaphysischer Deutung verlangen. Panischen Schrecken flößen die verschlungenen Gänge der Seele ein, denen Nietzsche nachging, um dem letzten Kern des Menschen auf die Spur zu kommen.

Auch die »psychologischen Errungenschaften« Nietzsches sind eine Leistung, die nicht einfach stillschweigend zur Kenntnis genommen werden kann. Sie rufen nach einer Reflexion, die über ihre Bedeutung Klarheit erlangen will, zumal die Psychologie eine wertvolle Hilfswissenschaft ist, die sich nur dann ungünstig auswirkt, wenn sie sich verselbständigt und ihren dienenden Charakter vergißt.

Durch seine Passion für die psychologische Betrachtung wurde Nietzsche zum Überwinder der Schulpsychologie, die damals das Feld beherrschte. Man nehme nur eine »Einführung in die Psychologie« aus jener Zeit zur Hand, und man begreift gar nicht mehr, was die Ausführungen über die Gehörschwingungen eines betrunkenen Menschen im Unterschied zu einem nüchternen mit der Seele des Menschen zu tun haben sollen. Es ist dies doch mehr Physiologie als Psychologie. Wie völlig gleichgültig läßt uns heute die Psychologie Wundts. Erst durch die Forschungen Freuds wurde ein neuer Zugang zu dem Innern des Menschen entdeckt, der von weitreichender Auswirkung war. Angesichts ihrer Tiefe steht der heutige Mensch kopfschüttelnd vor der ledernen Argumentation der Schulpsychologie, von der kaum eine hilfreiche Kraft ausgeht. Ihre erste Einbuße erlitt sie jedoch durch Nietzsche. Vor seinen Einsichten schrumpft sie zu einer Naivität zusammen. Sie ist restlos versunken, und einer ihrer ersten Totengräber war Nietzsche, der den Weg zu einem tieferen Verständnis der Untergründe der menschlichen Seele gezeigt hat. Er hat der rationalistischen Auffassung der Psychologie das Ende bereitet. Mit genialer Intuition erfaßte Nietzsche, daß echte Psychologie immer eine unlernbare

Kunst ist und nicht in das Schema einer Wissenschaft hin eingepreßt werden kann, soll sie nicht degenerieren. Die Konsequenz aus dieser Einsicht würde zur Schließung der meisten psychologischen Seminare führen.

Bei aller Anerkennung für Nietzsches Verdienste um die Psychologie dürfen aber doch nicht seine Mängel unerwähnt bleiben. Die Lust, die Untergründe des Menschen aufzuspüren, tötete in Nietzsche den Respekt vor der menschlichen Seele. Er ist zuwenig ehrfürchtig vor ihr als dem göttlichen Wunder stillgestanden. Allzu ungehemmt ließ er sich von der Begierde übermannen, in sie hineinzugreifen, in ihrem Innern herumzuwühlen und ihr Unaussprechliches ans Tageslicht zu zerren. Wieviel zurückhaltender waren hierin die großen Psychologen Augustin und Pascal, die das Mysterium der Seele respektierten!

Das Fehlen der Scheu verführte Nietzsche nicht nur zu der Neigung der Psychologisierung der Probleme, sondern er wurde zuweilen von der Gefahr überrannt, die Wurzeln des Baumes allzu stark bloßzulegen, und er erlag oft dem Bedürfnis, die Dinge in unstatthafter Weise zu aktualisieren. Bestrebt zu enthüllen, ist Nietzsche auf die abschüssige Bahn der Entlarvungspsychologie geraten. Ohne es sich restlos klarzumachen, betätigte er eine Enthüllungspsychologie, die zuletzt unweigerlich zu einem kläglichen Resultat führt, indem sie die großen Gestalten gleichsam in den Unterhosen zeigt. Auf Nietzsche selbst angewendet, würde sie ihn als ein Produkt seiner Tantenerziehung darstellen oder das Hauptgewicht auf so unbedeutende Vorkommnisse wie die Lou-Affäre legen. Alle Psychologie, die es auf bloße Demaskierung abgesehen hat, arbeitet an der Zerstörung der Welt mit, und von diesem Vorwurf kann Nietzsche nicht völlig freigesprochen werden. Seine eigene Person ist hiefür ein Beweis, indem er nach Overbecks Urteil die Selbstanalyse bei sich selbst auf eine solch tödliche Weise angewandt hatte, daß sie »ihn entseelte, lange ehe er starb«[10]. Seine Enthüllungspsychologie ist heute überholt. Ihre Untiefen arteten in Seichtheiten aus. Sie ist gerichtet durch die Aussage Albert Schweitzers: »Andere zu analysieren ist ein unvornehmes Beginnen[11].«

Merkwürdig ist es und direkt auffallend, daß Nietzsche bei seiner psychologischen Begabung sich im eigenen Leben oft sehr unpsychologisch verhalten hat. Wie anders ist dies zu erklären, als daß Nietzsche trotz seiner brennenden Vorliebe für die Psychologie im letzten Wesen kein psychologisches Naturell war. Er ließ sich hierin lediglich von Rees Psychologismus allzu stark blenden, der ihm auf dieser Fährte vorangegangen war. Die antimetaphysische Einstellung von »Menschliches-Allzumenschliches« war ein Mißverstehen der eigenen Zielstrebigkeit. Am deutlichsten hat dies Friedrich Georg Jünger ausgesprochen: »Wäre Nietzsche nur Psychologe, dann wäre er nicht eben viel. Denn man muß begreifen, daß die Psychologie auf bloßen Verzehr hinausläuft, daß in ihr ein Denken am Werke ist, welches den Menschen nur konsumiert. Je ursprünglicher, sinnlich kräftiger, geistig lebendiger der Mensch sich aus den Quellen nährt, desto weniger treibt er Psychologie. Wo er baut, ackert, liebt, zeugt, gebiert, dort bleibt die Psychologie außer Betracht. Als Psychologe war Nietzsche eitel... Es ist evident: das Philosophieren mit dem Hammer und das Psychologisieren stehen in einem unaufhebbaren Widerspruch.[12]« Falsch ist es, die Psychologie als seine Urleidenschaft auszugeben. Sie war vorwiegend Sirenengesang, der sich als Ablenkung auswirkte. Nietzsches innerste Sehnsucht tendierte über alle bloß psychologische Betrachtungsweise hinaus, er wollte das, was mehr ist als das Nur-Seelische. Im tiefsten Grunde war Nietzsche auf das Kosmische gerichtet, und gerade wer um seine geheime religiöse Anlage weiß, hat auch bei ihm dem Metaphysischen den ersten Platz einzuräumen.

Moralität selbst ist eine Form der Unmoralität

Der Student Nietzsche schrieb in einem Brief: »Gestern stand ein stattliches Gewitter am Himmel, ich eilte auf einen benachbarten Berg, ›Leusch‹ genannt, fand oben eine Hütte, einen Mann, der zwei Zicklein schlachtete, und seinen Jungen. Das Gewitter entlud sich höchst gewaltig mit Sturm und Hagel, ich empfand einen unvergleichlichen Aufschwung, und ich erkannte recht, wie wir erst dann die Natur recht verstehen, wenn wir zu ihr aus unseren Sorgen und Bedrängnissen heraus flüchten müssen. Was war mir das ewige ›Du sollst‹, ›Du sollst nicht‹! Wie anders der Blitz, der Sturm, der Hagel: freie Mächte, ohne Ethik! Wie glücklich, wie kräftig sind sie, reiner Wille, ohne Trübungen durch den Intellekt![1]« Es war somit ein Jugenderlebnis, durch das Nietzsche die elementaren Mächte spürte und das ihn auf den Gedanken von übermoralischen Werten brachte. Keineswegs ist es die einzige Äußerung, die Nietzsches Beziehung zum Gewitter bezeugt. Er konnte nie besser als bei einem heraufziehenden Gewitter am Klavier improvisieren, und er erflehte zuweilen direkt eine Gewitterentladung. Aus seiner Beziehung zu den überethischen Gewitterstürmen sind auch am ehesten seine Ausführungen über die Moral zu verstehen, die noch einmal seine kritische Sendung veranschaulichen.

Nietzsches Götzenzertrümmerung richtete sich fast ausnahmslos gegen alle aufgeblasenen und anmaßenden

Erscheinungen seiner Zeit. Aber ausdauernd und mit einem wahren Ingrimm kämpfte Nietzsche gegen die überlieferte Moral. Dieser Kampf gegen die Moral steht in der ganzen philosophischen Literatur einzigartig da, wenn ihm auch die französischen Moralisten Vorspanndienste geleistet haben. Mit der »Morgenröte« begann Nietzsches Feldzug gegen die Moral, und er steigerte ihn beständig bis zu der außerordentlich kühnen »Genealogie der Moral«. Das hatte vor ihm in dieser Art niemand getan, das war sein Werk, wie er stolz bemerkte: »Das Problem der Moral sehen und zeigen – das scheint mir die neue Aufgabe und Hauptsache. Ich leugne, daß das in der bisherigen Moralphilosophie geschehen ist.«

Die Fragestellung ist gleich zu Beginn in die richtige Sicht zu rücken. Sie geschah bei Nietzsche nicht aus der Sucht, verblüffende Thesen aufzustellen, um damit eine Schockwirkung zu erreichen. Dieses allzu naive Vergnügen wird seinem tieferen Anliegen nicht gerecht. Bereits in »Schopenhauer als Erzieher« warf er die Fragen auf: »Wo sind eigentlich für uns alle, Gelehrte und Ungelehrte, Vornehme und Geringe, unsere sittlichen Vorbilder und Berühmtheiten unter unseren Zeitgenossen, der sichtbare Inbegriff aller schöpferischen Moral in dieser Zeit? Wo ist eigentlich alles Nachdenken über sittliche Fragen hingekommen, mit welchem sich doch jede edler entwickelte Geselligkeit zu allen Zeiten beschäftigt hat? Es gibt keine Berühmtheiten und kein Nachdenken jener Art mehr; man zehrt tatsächlich an dem ererbten Kapital von Sittlichkeit, welches unsere Vorfahren aufhäuften und welches wir nicht zu mehren, sondern nur zu verschwenden verstehen; man redet über solche Dinge in unserer Gesellschaft entweder gar nicht oder mit einer naturalistischen Ungeübtheit und Unerfahrenheit, welche Widerwillen erregen muß[2].« Da die Frage in seiner Zeit kein Echo fand, hat Nietzsche sich selbst auf den Weg gemacht, sie zu beantworten, und begann über die moralischen Phänomene als Rätsel nachzudenken[3]. Dadurch wurde für Nietzsche die Moral aus einer Gegebenheit und Selbstverständlichkeit zu einem Problem, das er untersucht, an dem er gebohrt und das er auf seine Tragfähigkeit geprüft hat. Es erwuchs daraus schließlich eine moralbekämpfende Einstellung, die er nicht vermeiden konnte. In dem Augenblick, da der Mensch den Glauben an das Absolute aufgibt, ist auch die Erkenntnis der Relativität aller Moral geboren.

Nietzsche machte zunächst auf die Vielheit der Moralauffassungen aufmerksam, die sich in einem fortwährenden Prozeß der Umwandlung befinden. Nach ihm ist »alle Moral eine Notlüge, die Bestie im Menschen will belogen sein, damit er nicht von ihr zerrissen werde. Die Moral ist die größte Meisterin in der Kunst der Verführung, die eigentliche Circe der Philosophen[4].« Alles Moralisieren ist etwas tief Unmoralisches. Nietzsche bezeichnet es als sein Problem, zu fragen: »Welchen Schaden hat die Menschheit bisher von der Moral gehabt?[5]« Er wollte die Gegenrechnung für die Moral präsentieren. Deswegen stellte er vorerst die These auf: »Es gibt keine moralischen Phänomene, sondern nur eine moralische Interpretation dieser Phänomene[6].« Die Moral ist eine bloße Deutung gewisser Erscheinungen, wenn nicht gar eine Mißdeutung. Der Europäer verkleidet sich in die Moral, die lauter Wünschbarkeiten enthält, und übersieht dabei das Ressentiment, das in der Moral eine verkappte, aber nichtsdestoweniger große Rolle spielt. In der moralischen Beurteilung wirkt sich immer eine Art Rachenehmen aus.

Speziell behauptete Nietzsche dies von der jüdisch-christlichen Moral, die er als Sklavenmoral bezeichnete, da sie nur die Mittelmäßigkeit und die Herde begünstige. Er glaubte das Wesen der christlichen Moral entdeckt zu haben, die den widerlichsten Typus, den unfreien Menschen, großgezüchtet habe. »Man lehrte, als Mucker sei man auf dem rechten Weg zur Gottheit, nur ein Muckerwandel sei ein göttlicher Wandel[7].« Nietzsche weist auf den lebenszerstörenden Charakter dieser Moral hin, die mit ihren Geboten und Verboten den Menschen beständig an der Entfaltung seines tiefsten Wesens hindere, ihn »kastriert und auf eine armselige Chineserei« herabdrückt. »Morallehren«, schreibt Nietzsche, »welche zuerst und zuoberst dem Menschen befehlen, sich in seine Gewalt zu bekommen, bringen damit eine eigentümliche Krankheit über ihn: nämlich eine beständige Reizbarkeit bei allen natürlichen Regungen und Neigungen, gleichsam eine Art Juckens. Was auch fürderhin ihn stoßen, ziehen, anlocken, antreiben mag, von innen oder von außen her, immer scheint es diesem Reizbaren, als ob jetzt seine Selbstbeherrschung in Gefahr gerate: er darf sich keinem Instinkt, keinem feinen Flügelschlage mehr anvertrauen, sondern steht beständig mit abwehrender Gebärde da, bewaffnet gegen sich selber, scharfen und mißtrauenden Auges, der ewige Wächter seiner Burg, zu der er sich gemacht[8].«

Nach Nietzsche muß das Leben vor dem Forum der

Moral dauernd und unvermeidlich unrecht bekommen. Denn das Leben ist etwas wesentlich Unmoralisches und nie von der Moral aus gedacht; es will Täuschung und lebt von Täuschung. Für den Verfasser des »Zarathustra« war die Moral »die eigentliche Giftmischerin und Verleumderin des Lebens«, die darauf aus ist, »das Leben selbst auszusaugen und blutarm zu machen«[9]. »Moral ist Vampirismus«, lautet schließlich das endgültige Urteil[10]. Sofern der Mensch an Moral glaubt, verurteilt er das Dasein. Daher lautet Nietzsches Definition: »Moral ist die Idiosynkrasie von décadents, mit der Hinterabsicht, sich am Leben zu rächen[11].« Durch sie werden »die großen Kraftquellen, jene oft so gefährlich und überwältigend hervorströmenden Wildwasser der Seele«, zum Versiegen gebracht[12]. Alle Mittel, wodurch die Menschheit bisher moralischer gemacht werden sollte, enthüllten sich in der kritischen Betrachtung im letzten Grunde als tief unmoralisch. »Die Moral ist gerade so ›unmoralisch‹ wie jedes andere Ding auf Erden; die Moralität selbst ist eine Form der Unmoralität[13].« Die fromme Lüge ist das Erbgut aller Moralisten, stellte Nietzsche fest, und was sie in der Menschheit für Schaden angerichtet hat, braucht nicht noch ausgeführt zu werden. Den steifen und selbstgerechten Moralpredigern flüsterte er die Worte in die Ohren: »Wollt ihr die besten Dinge und Zustände zuletzt um alle Ehre und allen Wert bringen, so fahrt fort, sie in den Mund zu nehmen wie bisher[14].« Aus diesem Grunde hielt er die Verteidigung der Tugend gegenüber den Tugendaposteln für notwendig, da er in ihnen ihre schlimmsten Feinde sah. Nietzsche kündete der Moral das Vertrauen um der Moral willen. Nach seinem Dafürhalten muß man sich von ihr befreien, um wieder moralisch leben zu können.

Nietzsches Enthüllung der Moral als dem fragwürdigsten aller menschlichen Gebilde bringt eine wichtige Angelegenheit zur Sprache. Sie war im 19. Jahrhundert doppelt notwendig, weil in der bürgerlichen Lebensführung viel Verlogenheit vorhanden war. Man tat dergleichen, als ob man moralisch lebe, während man sich hinter den Kulissen sehr unmoralisch aufführte. Der Schein der Moralität wurde im Viktorianischen und Wilhelminischen Zeitalter auf eine Weise gepflegt, die eine Prüderie zur Folge hatte, in der alles natürliche Empfinden verlorenging. Nietzsche sprach deswegen offen vom »Jahrhundert der großen, moralischen Tartufferien«[15]. Eine bloße Konvention beherrschte alle Lebensgebiete, die Sittlichkeit der Sitte triumphierte. Nietzsche hatte den Moralismus in seiner Unechtheit durchschaut, eine Tat, die seiner Wahrheitsleidenschaft zur Ehre gereicht.

Freilich hatten Nietzsches moralbekämpfende Schriften für die europäische Moralkrisis auch eine verhängnisvolle Nachwirkung. Er unterschied zuwenig zwischen Moral und bürgerlichem Moralismus, er prägte das Wort von den Falschmünzern der Moral, das dann André Gide bereitwilligst übernommen hat, was in der Folgezeit einen katastrophalen Dammbruch bewirkte. Kein Denker des 19. Jahrhunderts läßt sich an unerfreulichen Ausstrahlungen mit Nietzsche vergleichen. Er hat eine Fahrt von äußerster Gefährlichkeit angetreten, die nicht verharmlost werden darf. Zu dem moralischen Chaos der Gegenwart hat er wider Willen nicht wenig beigetragen. Die übermütige Selbstbezeichnung »wir Immoralisten« hat sich gerächt. Die unverantwortliche Formel »nichts ist wahr, alles ist erlaubt«, hat nur allzu lernbegierige Schüler gefunden, die sich auf sie stürzten und sie ruchlos auslegten[16]. Nietzsches Immoralismus enthüllt das innerste Geheimnis seiner Zeit, die die schrankenlose Konkurrenz der kapitalistischen Ausbeutung gewissenlos hinnahm. Es steckt etwas Verhängnisvolles in Nietzsches Zetrümmerung der Moral, und die verheerenden Folgen sind nicht ausgeblieben.

Doch blieb sich auch Nietzsche bewußt, daß der Mensch nicht ohne Ethos leben kann. Er versinkt sonst unweigerlich in den Schlamm der tierischen Triebe. Es liegt eine unverkennbare Größe im sittlichen Imperativ, der dem Menschen deutlich sagt, was er zu tun hat und was nicht. Wohin eine Menschheit kommt, die das Ethos einer moralinsäuerlichen Einstellung gleichsetzt und es infolgedessen mit Füßen tritt, hat unsere Generation mit Schaudern erlebt. Im Ethos gibt sich ein höherer Wille kund, es hat Anteil am gewaltigen Block der göttlichen Offenbarung. Es bedeutet einen großen Vorzug, eine ethische Anleitung zu kennen, wie sie der Prophet Micha in die lapidaren Worte zusammengefaßt hat: »Es ist dir gesagt, o Mensch, was gut ist und was Gott von dir fordert.« Dadurch wurde die verwirrende Ratlosigkeit überwunden, dem Hörer eine Richtschnur gegeben, die allezeit notwendig ist und in der tatsächlich Leben und Tod dem Menschen vorgelegt wird. Das Ethos stellt eine Krone dar, wenn es auch zugleich eine schwere Last ist, diese Krone zu tragen.

Um dieser Einsicht Genüge zu tun, versuchte Nietzsche

eine neue Moral aufzustellen; damit ist die Aufforderung, sich von alten, sittlichen Vorschriften zu befreien, ein offenkundiges Mißverständnis, dessen sich unreife Jünglinge gegenüber Nietzsche schuldig machten. Auch die Auffassung, Nietzsches moralbekämpfende Ausführungen aus seinem Positivismus zu erklären, beruht auf einem Irrtum. Die Losung vom Immoralismus war eine Maske, die er in seiner mittleren Periode trug, hinter der jedoch eine völlig andere Einstellung steht. Persönlich war Nietzsche ein von hohem Ethos erfüllter Mensch, dem alles Illegitime zuwider war. Nietzsche hatte in seinem Dasein wenig von einem amoralischen Sünder und sehr viel von einem asketischen Heiligen an sich, der sich auch offen zum Streben nach dem Besserwerden bekannte. Die Wahrnehmung ist völlig zutreffend: »Auf dem Gebiet der Sittlichkeit hat Nietzsche überwiegend nur gelöst, um desto fester zu binden[17].« Zarathustras Lob der Keuschheit und die Peitsche, mit der er die Hündin Sinnlichkeit geißelt, sprechen eine unmißverständliche Sprache.

Nietzsche verneinte die bisherige Moral, damit der neue Mensch auch zu einer neuen Moral gelange. Seine Moralkritik entspringt der höchsten Moralität. Sie zeigt sich bereits in seinem Gedicht:

Sternen-Moral

Vorausbestimmt zur Sternenbahn,
Was geht dich, Stern, das Dunkel an?
Roll selig hin durch diese Zeit!
Ihr Elend sei dir fremd und weit!

Der fernsten Welt gehört dein Schein,
Mitleid soll Sünde für dich sein!
Nur ein Gebot gilt dir: sei rein![18]

Die neue Moral ist durch das »Pathos der Distanz« charakterisiert und erstrebt eine neue Rangordnung, eine gestufte Wertethik[19]. Die vornehme Seele hat Ehrfurcht vor sich und zählt sich zu einer neuen geistigen Aristokratie. Nietzsche hatte Sinn für geistigen Adel, für ehrwürdige Tradition, für echte Vornehmheit und vor allem für seelische Zucht. Seine Sternen-Moral stellt die höchsten Ansprüche an den Menschen: »Jenes verborgene und herrische Etwas, für das wir lange keinen Namen haben, bis es sich endlich als unsere Aufgabe erweist, dieser Tyrann in uns nimmt eine schreckliche Wiedervergeltung für jeden Versuch, den wir machen, ihm auszuweichen oder zu entschlüpfen, für jede vorzeitige Beschneidung, für jede Gleichsetzung mit solchen, zu denen wir nicht gehören, für jede noch so sichtbare Fähigkeit, falls sie uns von unserer Hauptsache ablenkt, ja für jede Tugend selbst, welche uns gegen die Härte der eigensten Verantwortlichkeit schützen möchte. Krankheit ist jedesmal die Antwort, wenn wir an unserem Recht auf unsere Aufgabe zweifeln wollen, wenn wir anfangen, es uns irgendworin leichter zu machen. Sonderbar und furchtbar zugleich! Unsere Erleichterungen sind es, die wir am härtesten büßen müssen! Und wollen wir hintendrein zur Gesundheit zurück, so bleibt uns keine Wahl: wir müssen uns schwerer belasten, als wir je vorher belastet waren[20].« Man darf über die neuen, moralischen Forderungen Nietzsches nicht schnell hinweggleiten. Sie enthalten Wesentliches von Nietzsche. Ihre Probleme sind durchaus ernst, wenn auch die Frage offenbleibt, ob sie genügend Tragkraft besitzen, um das jüdisch-christliche Ethos zu ersetzen, welches das Abendland geformt hat. Offensichtlich verbleiben sie im Feld des idealistischen Ansporns und vermitteln dem Menschen nicht zugleich die Kräfte, sie auch zu erfüllen.

Noch bedeutsamer als der Versuch, eine neue Moral aufzustellen, ist Nietzsches Vorstoß in die übermoralische Sphäre. Seine Formel »Jenseits von Gut und Böse« eröffnet einen neuen Horizont der Übermoralität, der ihm schon bei der Gewittererfahrung aufgedämmert ist und der nicht naturalistisch interpretiert sein will. Nietzsches Auflehnung gegen die Moral hat eine versteckte religiöse Komponente, die gewöhnlich übersehen wird, die aber wichtiger ist als die in der Regel nur utilitaristische Verteidigung der Ethik. Ihn verlangte nach einer Überwindung der moralischen Lebensbetrachtung, die selten der Wahrheit entspricht und sich meistens nur eines Pharisäismus schuldig macht. Seine Anstrengung, »Erlöser von der Moral« zu sein, führte ihn in die Nähe des Evangeliums[21]. Auch Christus spricht von Gott, der seine übermoralische Sonne über Gute und Böse aufgehen läßt. Nietzsche hat diese Einsichten mehr ahnend angedeutet als ausgeführt. Aber im Nachlaß findet sich die Aufzeichnung, daß die gerechten Menschen unbeschenkbar sind und alles zurückgeben, weswegen sie den Liebenden ein Greuel sind[22]. Zuletzt floß ihm das wundervolle Wort in die Feder, das auch ein Heiliger hätte schreiben können: »Was aus Liebe getan wird, das ist nicht moralisch, sondern religiös[23].«

Das glühende Leben dionysischer Schwärmer

Nietzsche konnte unmöglich bei seiner Götzen entthronenden Arbeit stehenbleiben. Sie war eine ungenügende Antwort auf den ungeheuren Zerfall der modernen Zeit. Sowenig Dostojewskij sich mit der bloßen Darstellung des Nihilismus zufriedengab, sowenig konnte Nietzsche sich damit abfinden, »die Reste des religiösen Lebens zu beseitigen«[1]. Ein neues Heiligtum mußte an die Stelle der verworfenen Götzen gesetzt werden. Nietzsche sah sich genötigt, den Sturz ins Nichts mit dem Versuch einer neuen Bejahung aufzuhalten. Als ein Gegner des Fortschrittswahns und des Bildungsdünkels beschäftigte er sich unablässig mit der Frage: »Wie überwindet ein Philosoph seine Zeit?[2]« Es quälte ihn das Problem: Was kann gegen die moderne Pest getan werden, die die Welt entleert und sie öde zu machen droht? Welche neuen Werttafeln sind aufzustellen, nachdem die alten zerschlagen am Boden liegen? Wie kann ein enthusiastischer Mensch in der Wüste des 19. Jahrhunderts seinen Weg gehen? In diesen Fragen ist Größe und Grenze Nietzsches beschlossen. Er suchte nach einem neuen Pfad, wobei er auch unvermeidliche Fehltritte machte. Aber die Größe seines Wollens empfand er geradezu überdeutlich: »Ja, wer fühlt mir nach, was es heißt, mit jeder Faser seines Wesens fühlen, daß die Gewichte aller Dinge neu bestimmt werden müssen?[3]«

Um diese Fragen kreisten fortan die wesentlichen Bemühungen Nietzsches. Der erste Entwurf zum »Zarathustra« trägt bezeichnenderweise den Titel »Fingerzeige zu einem neuen Leben«. Der neuen Seele tat vor allem eine neue Art zu leben not. Dieses Problem begleitete ihn durch seine ganze Schaffenszeit. Nietzsche war sich bewußt, daß die Überwindung der modernen Not nur durch eine neue Antwort geschehen könne, die nicht einfach der Tradition entnommen ist. In diesem Ringen nach einer neuen Antwort befand er sich in Übereinstimmung mit seinem Freunde Overbeck, nach dessen Auffassung »die religiösen Probleme überhaupt auf ganz neue Grundlagen zu stellen sind, eventuell auf Kosten dessen, was bisher Religion geheißen hat«[4]. Damit hat bereits Overbeck den einzig adäquaten Aspekt genannt, unter den Nietzsches Bestrebungen fallen. Nietzsche wollte die religiösen Probleme von einer neuen Ebene her aufrollen, und wer bei einem solchen Unternehmen von vorneherein nicht mitgehen kann, muß bei der Nietzsche-Diskussion ausscheiden.

Den Ausgangspunkt Nietzsches zu dieser neuen Antwort auf die Not der Zeit bildet die Begegnung mit Hellas. Er wurde zu diesem Erleben durch seinen Beruf als Altphilologe geführt. Doch war Nietzsches Beziehung zur klassischen Philologie ungewöhnlicher Art. Obschon er Professor der Altphilologie war, stand er in einem durchaus unzünftlerischen Verhältnis zur Antike. Bereits 1871 schrieb Overbeck an Treitschke: »Nietzsche ist der erste Philologe, der mir begegnet ist, mit dem man als Nichtphilologe über das Altertum reden kann[5].« Overbeck sagte »der erste«, er hätte hinzufügen dürfen, »auch der einzige«. Um dieser Andersartigkeit willen macht denn auch Nietzsche mit seinen Kollegen die seltsamsten Erfahrungen: »Ich fühle mich unter ihnen, wie ich mich ehedem unter Studenten fühlte: im Ganzen ohne jedes Bedürfnis, mich mit ihnen näher abzugeben, aber auch ohne allen Neid; ja, genaugenommen, fühle ich einen kleinen Gran von Verachtung gegen sie in mir, mit dem sich ja ein sehr höflicher und gefälliger Verkehr ganz gut verträgt[6].« Was ihn vom »wimmelnden Philologengezücht« trennte, war deren »Maulwurfstreiben, die vollen Backentaschen und die blinden Augen, die Freude ob des erbeuteten Wurmes und die Gleichgültigkeit gegen die wahren, ja aufdringlichen Probleme des Lebens«[7]. Die philologische Neigung, sich wie ein Fabrikarbeiter mit einer kleinen Schraube abzugeben, anstatt den Willen aufzubringen, das Ganze zu umfassen, entfremdete Nietzsche zunehmend von seinen Berufsgenossen.

Nietzsche lehnte die gelehrte Einstellung ab, die vermeint, einen Gegenstand rein objektiv behandeln zu können und die Subjektivität so weit auszuschließen, bis sie gar keine Wirkung mehr ausübt. Eine solche interesselose Darstellung entspricht keineswegs dem zum Thema gemachten Gegenstand. »Ja man geht so weit, anzunehmen, daß der, den ein Moment der Vergangenheit gar nichts angehe, berufen sei, ihn darzustellen. So verhalten sich häufig Philologen und Griechen zueinander: sie gehen sich gar nichts an – das nennt man dann wohl auch Objektivität[8].« Nietzsche hat die unbeteiligten Gelehrten, die nur ein antiquarisches Wissen aufstapeln, schließlich mit leidenschaftlicher Verachtung überschüttet und seinen Lesern den Rat gegeben: »Hütet euch auch vor den Gelehrten! Die hassen euch: denn sie sind unfruchtbar! Sie haben kalte, vertrocknete Augen, vor ihnen liegt jeder Vogel entfedert[9].« Darin steckt ein harter Vorwurf, der, wie alle Verallgemeinerungen, falsch ist. Aber ein Körnlein Wahrheit ist doch darin verborgen. Der Verfasser des »Zarathustra« empfand von Jahr zu Jahr weniger Sympathie für die gelehrte Betätigung, die keine Liebe und keine Sehnsucht kennt, die alle warmblütige Menschlichkeit in kurzer Zeit ausdörrt, weil sie jedes Phänomen lediglich in ein dialektisches Frage- und Antwortspiel übersetzt, das nur den Kopf beschäftigt. Angesichts der überheblichen Einstellung vieler Gelehrter, ihre urteilende Meinung über alles abzugeben, schlägt Nietzsche vor, diese Herren selbst einmal zu sezieren, nachdem sie sich daran gewöhnt haben, alles in der Welt, auch das Ehrwürdigste, dreist zu zerlegen. Bei diesem Vorgehen würde einiges unreines Metall und die Unfähigkeit, das Seltene, Große, Wesentliche zu verstehen, beschämend an den Tag kommen. Bereits in »Schopenhauer als Erzieher« gab Nietzsche seinem sich steigernden, tiefen Mißtrauen gegen die Gelehrten scharfen Ausdruck und bezichtigte sie, aus Mangel an Mut die zeitlosen Fragen gar nicht wahrzunehmen. Höhnend stellte er fest: »Die ›Wahrheit‹ aber, von welcher unsere Professoren so viel reden, scheint freilich ein anspruchsloseres Wesen zu sein, von dem keine Unordnung und Außerordnung zu befürchten ist; ein bequemes und gemütliches Geschöpf, welches allen bestehenden Gewalten wieder und wieder versichert, niemand solle ihrethalben irgendwelche Umstände haben; man sei ja nur ›reine Wissenschaft‹[10].«

Nachdem Nietzsche das Verhalten der Gelehrten verdächtig geworden war, dehnte er sein Mißtrauen konsequent auch auf die Wissenschaft aus, der sie in sklavischem Gehorsam dienen. Zwar hat Nietzsche sich nie endgültig gegen die Wissenschaft entschieden, aber er hat doch mächtig gegen ihren Stachel gelöckt, und beides zusammen ist reizvoll an ihm. Er wurde auf die Selbstsucht der Wissenschaft und ihre nivellierenden Wirkungen aufmerksam. Mit scharfem Blick durchschaute er die Gefahren der reinen Wissenschaftlichkeit, deren Erkennen sich nur nach den Gesetzen der Logik vollzieht und die in ganz seltenen Fällen zu jenem schauenden Bewußtsein gelangt, das der apollinischen Weisheit entspricht. Die Vergötzung der Wissenschaft beschränkt sich jedoch nicht nur auf die gelehrten Kreise, sie ist auch in die marxistisch eingestellte Arbeiterbewegung eingedrungen und hat dort zu einem wissenschaftlichen Aberglauben geführt, wie ihn sonst nur die Neger gegenüber ihrem Fetisch betätigen. Das mindeste, was von Nietzsche zu lernen wäre, ist eine kritische Einstellung gegenüber dem Anspruch auf Wissenschaftlichkeit, wohinter sich nicht selten nur ein getarnter Dogmatismus versteckt.

Der Kampf gegen den entgeistigenden Einfluß des modernen Wissenschaftsbetriebes hatte Nietzsche wiederum mit Notwendigkeit zu einem Fragezeichen geführt, das er gegenüber der Universität anbrachte. Wie viele Menschen lassen sich von der stolzen Fassade der Universitäten imponieren, hinter deren Mauern manchmal das Große zu einer erbärmlichen Kleinheit zusammenschrumpft. Die neidischen Intrigen, das eitle Cliquewesen, verbunden mit einer philiströsen Bierseligkeit und selbstgenügsamem Fachwissen, prangerte Nietzsche leidenschaftlich an. Seine Anklagen wiegen nicht leicht, zumal die Universitäten doch das Anliegen des Geistes vertreten. Wer aber an ihr klägliches Versagen gegenüber den Diktaturregierungen in den verschiedenen Ländern denkt, wird Nietzsches prophetischer Voraussicht auch auf diesem Gebiet nicht jede Berechtigung absprechen. Sein Angriff darf nicht einfach aus der Ignorierung erklärt werden, die ihm zu Lebzeiten von seiten der Wissenschaft zuteil wurde. Die Zweifel und Bedenken tauchten schon auf, als Nietzsche noch in wissenschaftlichem Hochgefühl sich selbst in Basel auf dem Katheder betätigte. Der junge Professor kam zu der niederdrückenden Feststellung: »Es ist ein ganz radikales Wahrheitswesen hier nicht möglich. Insbesondere wird etwas wahrhaft Umwälzendes von hier aus nicht seinen Ausgang nehmen können[11].« Ähnlich hat früher Gottfried Arnold, der Verfasser der »Unparteiischen Kirchen- und Ketzerhistorie«, geurteilt. Die Behauptung Nietzsches erheischt gerade von jenen Menschen, denen die Universität ein lebensnotwendiges Anliegen bedeutet, eine ernstliche Gewissensprüfung.

Nietzsche selbst fühlte sich in seiner Befürchtung nur zu bald bestätigt, als sich ihm Wilamowitz entgegenstellte, der umfassend in der Gelehrsamkeit und klein in der Intuition war. Im Berliner Philologen erhob sich die Stimme der Wissenschaft des 19. Jahrhunderts gegen Nietzsche. Wilamowitz hat die Probleme Nietzsches gar nicht gesehen, weshalb auch beinahe alles, was der von sich eingenommene Mann gegen die »Geburt der Tragödie« schrieb, heute der Vergangenheit angehört. Von seiner kalten Betrachtung führt kein Weg zum innern Erfassen der Dinge, und man kann seine dünkelhafte Auffassung nur als erledigt ansehen. Es ist ein unüberbrückbares Entweder-Oder und keine bloße Meinungsverschiedenheit, ob man zur Wissenschaft eine Haltung wie Wilamowitz oder wie der nach neuen Ufern Ausschau haltende Nietzsche einnimmt.

Den Geist der Wahrhaftigkeit, der in den bahnbrechenden Männern der Wissenschaft im Unterschied zu den bedeutungslosen Epigonen lebte, besaß Nietzsche in hervorragendem Maße. Er war von einer unermüdlichen Entdeckerleidenschaft erfüllt und schreckte vor keiner Erkenntnis zurück, mochte sie auch noch so unbequem sein. Das Lebensgefühl des Wahrheitsforschers, das nicht Ruhe, sondern Bewegung ist, das nicht an den überkommenen Grenzpfählen der Philologie haltmacht, sondern stürmisch ins Unbekannte drängt, war ihm aufs innigste vertraut. Er konnte sich, seiner ganzen Struktur nach, nicht vorstellen, daß ein Mensch vor der Vieldeutigkeit des Daseins steht und »nicht frägt, nicht zittert vor Begierde und Lust des Fragens«[12]. Nietzsche aber war sich über die Grenzen klargeworden, die der rein rationalen Methode gesetzt sind. Nicht eine jämmerliche Unwissenschaftlichkeit strebte er an, in ihm war ein unverkennbarer Wille zur überwissenschaftlichen Erfassung der Dinge lebendig. Aus seiner neuen Einstellung wuchs die Forderung nach dem lebendigen Geschichtsschreiber, der zugleich Dichter sein müsse, und Nietzsche empfand es als einen Schaden, wenn diese Bedingung nicht erfüllt war.

Dank dem Drang zum lebendigen Wissen wurde ihm eine sonst in den Hörsälen der Universität nicht vertretene Einsicht geschenkt: »Historisches Erkennen ist nur Neuerleben, aus dem Begriff führt kein Weg in das Wesen der Dinge. Es gibt keinen Weg, die griechische Tragödie zu begreifen, als Sophokles zu sein[13].« Mit dieser Erkenntnis hat Nietzsche das Entscheidende ausgesprochen, es flammte eine Einsicht auf, die innerhalb des gewöhnlichen Wissenschaftsbetriebes einer Revolution gleichkam. Es genügt nicht zum Verständnis einer historischen Gestalt, sie mit gelehrter Akribie zu beschreiben, sie zu analysieren und zu erklären; diese Bemühung bleibt trotz allem Wissen immer nur am Rande stehen. Vielmehr gilt es, in sie hineinzugehen, sie von innen her zu betrachten, ihrem Erlebniskern nachzufühlen, wie es schon der vielgeschmähte Herold des deutschen Spiritualismus, Sebastian Franck, so überaus treffend ausgeführt hat: »Um Hiob zu erfassen, muß man Hiob werden.« Alles andere bleibt nur an der äußeren Schale hängen, und das innere Verstehen fehlt. Dem sich einfühlenden Verhalten droht freilich die Gefahr des Sich-selbst-in-die-Dinge-Hineinprojizierens. Diese Möglichkeit der Vermengung des historischen Objektes mit dem eigenen Sein kann nicht geleugnet werden. Die subjektive Leidenschaft muß diese Klippe in Kauf nehmen, weil alles Große von Gefahren umlauert ist. Gleichwohl stellt Nietzsches Aussage, »es gibt keinen Weg, die griechische Tragödie zu begreifen, als Sophokles zu sein«, die neue, kühne und umstürzende, allerdings nicht lehrbare Methode dar, die allein die Vergangenheit zum lebendigen Reden bringt.

Fortan wollte Nietzsche nur noch »Historie zum Zweck des Lebens treiben«[14]. Er wandte sich Griechenland zu, Vorbilder suchend, nach denen er sich unter seinen Zeitgenossen umsonst umsah. Nun erstrebte er, »das Allbekannte zum Niegehörten umzuprägen«, wie er sich selbst ausdrückte: »Wer nicht einiges größer und höher erlebt hat als alle, wird auch nichts Großes und Hohes aus der Vergangenheit zu deuten wissen. Das Spiel der Vergangenheit ist immer ein Orakelspruch: nur als Baumeister der Zukunft, als Wissende der Gegenwart werdet ihr ihn verstehen[15].« Nietzsches neue Art, Geschichte zu treiben, unterscheidet sich radikal von der traditionellen Philologie. Lebendige Historie kann sich, trotz aller Ehrfurcht vor Ranke, nicht mit dem Beschreiben dessen begnügen, wie es eigentlich gewesen ist. Denn dieses »wie es gewesen ist« kann nie eindeutig ausgemacht werden, weil es stets von der subjektiven Sicht jenes Menschen abhängig ist, der Geschichte betrachtet. Jede schöpferische Geschichtsbetrachtung, die sich nicht mit einer bloßen Registrierarbeit zufriedengibt, sondern eine Formung des Menschen erstrebt, ist nach Nietzsche zunächst einmal »Rangordnung der Facta« und dann vor allem ein Sehen, und zwar ein künstlerisches Sehen, wie gerade er es ausübte[16].

Da Nietzsche das griechische Geistesleben mit Künstleraugen schaute und nicht in einer philologischen Silbenstecherei hängenblieb, gewann er einen Gesamtüberblick: Hellas wurde für ihn zum großen Erlebnis, es erschütterte ihn bis ins Innerste, und kühne Perspektiven wuchsen daraus. Man versteht keine Geschichte ohne solch inneres Erleben. Wer nie das dunkle Raunen Heraklits gehört, wer nie die religiöse Ehrfurcht Äschylos' gespürt und nie im Fragefeuer Sokrates' gestanden hat, um nur einige Beispiele zu nennen, der hat Hellas nie geschaut und nie erlebt. Nur dieser Verwandlung des Griechentums aus einem gelehrten Objekt in ein glühendes Erlebnis wegen vermochte Nietzsche eindrucksvoller als alle Philologen zusammen das Problem des griechischen Menschen in die moderne Welt hineinzuwerfen, es noch einmal in seiner ergreifenden Größe zur Diskussion zu stellen, ja aus ihm sogar eine Frage der Zukunft zu machen. Das aber war nur möglich, weil ein wirklicher Strahl von Hellas auf ihn gefallen war und er die Griechen nicht nur objektiv studiert, sondern sie subjektiv geliebt und mit ihnen persönlich bis zur Erschöpfung gerungen hat. »Die Antike ist ihm mehr als Ruine, mehr als Monument, mehr als Maßstab und Muster, sie ist ihm Lebensmacht, Freund und Feind, kein Objekt, kein Es, sondern ein Du, mit dem er spricht und streitet[17].« Es ist der Hölderlinsche Enthusiasmus, der in Nietzsche wieder aufwachte, ein Erlebnis, durch das er Hellas sowohl mit Liebe als mit Verzückung umfaßte.

Nietzsche ging von der Voraussetzung aus an das Altertum, daß, »wenn wir von Griechen reden, reden wir unwillkürlich zugleich von Heute und Gestern«[16]. Diese aktuelle Annahme gab seinen Ausführungen von vorneherein den lebendigen Akzent. Alles Verstaubte wurde gleich zu Beginn weggefegt. Er hielt das Griechentum für eine völlig unerkannte Welt, die erst noch erlebt werden müsse. Seine jugendfrische Einstellung löschte mit einem Schlag das niederdrückende Gefühl aus, es sei alles Wesentliche über das Griechentum schon längst gesagt. Die neue Auffassung kam schon in seinem Erstlingsbuch »Die Geburt der Tragödie« zum Vorschein. Es ist sein erster Versuch, das griechische Altertum umzudeuten und es mit neuen Augen zu schauen. Später nannte er zwar dieses Werk ein wunderliches und schlecht zugängliches Buch, weil es noch sehr vergrübelt und verrätselt sei. Insbesondere wirkte sich die Einbeziehung der Musik eher verwirrend als erhellend aus. Trotzdem hat Nietzsche sich bemüht, bereits in der »Geburt der Tragödie« über Griechen auch wirklich griechisch zu denken. Deswegen nennt die philologische Zunft in ihrer Verständnislosigkeit das Buch bis zum heutigen Tag verächtlich einen »historischen Roman«, ein Vorwurf, der von den Fachkreisen immer bei Übersteigung ihres eigenen Horizontes erhoben wird[19]. In Wirklichkeit zittert in diesem Buch eine innere Erschütterung nach. Sie hängt mit dem gewaltigen Thema der Tragödie zusammen, das an die Wurzel allen Lebens rührt.

Bei seinem Eindringen in das mythische Denken wird Nietzsche leider durch ein psychologisches Interesse irritiert, indem er die griechische Unterseele mit dem philosophischen Denken beinahe verwechselt. Dieser Vermengung wegen erwartete er von Wagners höchst zweideutiger Opernwelt eine »Wiedergeburt des deutschen Mythos«! Das war eine abwegige Blickrichtung, die sich schwer gerächt hat und die Nietzsche widerfuhr, weil er damals dem verschlagenen Zauberer von Tribschen verfallen war. Trotz des fatalen Mißgriffes, der dem jungen Nietzsche in bezug auf den von verführerischem Pathos erfüllten Wagner unterlief und von dem er sich nur mühsam und zuletzt auf eine gewalttätige Art befreien mußte, offenbart sich in Nietzsches Erstlingsarbeit ein geniales Verständnis für die Griechen.

Als Künstler des Lebens kannten nach Nietzsche die alten Hellenen eine tiefere Weltoffenbarung, als sie selbst in den zerrissenen Zuständen der modernen Zeit möglich ist. Sie besaßen die einzige Form, »in der gelebt werden kann: das Schreckliche in der Maske des Schönen«[20]. Die griechische Heiterkeit bedeutete ihm das »satte Lächeln, welches das Leuchten des Blickes Sterbender« und »etwas der Heiligung Paralleles ist«[21]. Von der »purpurnen Schwermut« konnte Nietzsche sprechen, die das »Glück Homers war« und mit »welchem Glück in der Seele man das leidensfähigste Geschöpf unter der Sonne ist«[22]. Hellas war aus Tiefe oberflächlich und bewies diese Einstellung in seinem Verhältnis zum Schmerz: »Der Grieche kannte und empfand die Schrecken und Entsetzlichkeiten des Daseins; um überhaupt leben zu können, mußte er vor sich hin die glänzendste Traumgeburt des Olympischen stellen[23].« Aus tiefster Nötigung, und um dieses quälende Dasein auszuhalten, haben die Griechen ihre Götter erschaffen, und nicht, um sich dem Leben zu entfremden. Nietzsche gab sich durchaus Rechenschaft, daß die Griechen, obschon sie die humanistischen Menschen der alten Zeit waren, einen Zug von Grausamkeit und von tigerartiger Vernichtungslust in sich hatten. Über die griechische Welt, zu der Nietzsche einen neuen Zugang suchte, machte er sich keinerlei Idealvorstellungen, er meinte voll Spott: »Wehe, wenn die Guten, die ewigen Pharisäer Geschichte treiben! Sie überpinseln die großen Menschen der Vergangenheit so lange, bis sie dick und brav wie gute Menschen aussehen![24]«

Das Schwergewicht von Nietzsches Beschäftigung mit dem Griechentum liegt nicht auf einzelnen Ausführungen über diese oder jene griechische Lebensäußerung. Auch nicht darin, was er den »apollinischen Traum« genannt hat, der eine unvergeßliche Lebenssicht in sich birgt. Bedeutsam und einzigartig an seiner leidenschaftlichen Auseinandersetzung mit dem Griechentum war Nietzsches Begegnung mit Dionysos, ein Ereignis, das die ganze Szenerie von Grund auf veränderte. Ein denkbar ungewöhnlicher Vorgang spielte sich ab, der alles bisherige über den Haufen warf. Es ging Nietzsche weder um eine gedankliche Erfindung noch um eine gefühlsmäßige Empfindung. Das Vorkommnis war viel elementarer: eine unmittelbare Berührung mit Dionysos fand statt! Der dionysische Gott war fortan für Nietzsche alles andere als ein dürres, blutleeres Wort. Bloße Chiffren haben nicht viel zu bedeuten. Dionysos trat wirklich als eine bedrängende Realität auf ihn zu, so daß Nietzsche von dessen Dasein so fest überzeugt war wie von seiner eigenen Existenz. Die elementare Urgewalt, mit der Nietzsche inmitten des götterlosen 19. Jahrhunderts von Dionysos überwältigt wurde, sucht ihresgleichen. Sie hat nur in Hölderlins gläubigem Verhalten eine Parallele. Die Art und Weise, wie Hölderlin und Nietzsche die Götter Griechenlands erlebten, scheidet sie von der philologischen Zunft, für die Apollo und Dionysos lediglich literarische Vorstellungen sind, die man wissenschaftlich bearbeiten kann, während es für sie beide Mächte waren, an deren Realität sie keinen Augenblick zweifelten. An dieser Stelle scheiden sich die Wege grundsätzlich. Es gibt keine Verbindungslinien zwischen der philologischen Auffassung und dem religiösen Erleben Hölderlins und Nietzsches. Das eine ist eine intellektuelle Wortbeschäftigung, und das andere ist lebendige Begegnung mit den ewigen Seinsgewalten. Nietzsches Wiederentdeckung des Dionysischen ist ein erregender Vorgang, der beim Erscheinen der »Geburt der Tragödie« unbegreiflicherweise gar nicht bemerkt wurde und der noch sein potenziertes Gewicht erhielt, da er post Christum stattfand! Doch ist das leibhaftige Angesprochenwerden von Dionysos das Neue und Großartige bei Nietzsche, worüber man nicht genug staunen kann und das nur einem Menschen widerfahren konnte, hinter dessen Stuhl schreckliche Gestalten sich zu Worte meldeten. Durch sie allein wurde Nietzsche zu einem Jünger des dionysischen Gottes. Man sah ihm das nicht auf den ersten Blick an, namentlich nicht, wenn er mit dem grauen Zylinderhut in Basel von der »Baumannshöhle« nach der Universität schritt. Dessenungeachtet ward er vom dionysischen Sturmwind fortgewirbelt, der zerstückte Gott hat auch an ihm seine Doppelnatur bewiesen als grausamer Dämon und als sanftmütiger Herrscher. Von der realen Begegnung mit Dionysos empfing Nietzsche zuweilen jenes fremdartige, unheimliche Aussehen, das auf seine nächsten Freunde einen ebenso rätselhaften als beunruhigenden Eindruck machte und den sie sich in keiner Weise zu erklären wußten.

Nietzsche hat im ersten Moment das Wesen des dionysischen Gottes nicht restlos erfaßt. Es entging ihm zunächst eine wichtige Einsicht: der Zusammenhang mit den chthonischen Mächten. Der Einbruch Dionysos' entfesselte Dämonen, deren zerstörende Tätigkeit auch Nietzsche an sich erlebte. Doch deutete Nietzsche Dionysos nach der Analogie des Rausches und schilderte mit glühenden Farben den Orgiasmus als dessen wesentlichstes Merkmal. Über Nietzsche selbst kam es einem bacchantischen Taumel gleich, was sich nicht aus seiner romantischen Anlage erklären läßt. Ein trunkener Gott, ein wahnsinniger Gott, der beim Erwachen des Frühlings die Kräfte des Menschen bis zur völligen Selbstvergessenheit steigerte, versetzte Nietzsche in fieberhafte Erregung, die ihn völlig aus der gelehrten, langweiligen Betrachtung herausriß. Nicht nur in Griechenland bewirkte Dionysos eine wilde Raserei, auch im deutschen Mittelalter wälzten sich unter der gleichen dionysischen Gewalt immer wachsende Scharen, singend und tanzend von Ort zu Ort: in diesen Sankt-Johann- und Sankt-Veits-Tänzen erkennen wir die bacchischen Chöre der Griechen wieder, mit ihrer Vorgeschichte in Kleinasien bis hin zu Babylon und den orgiastischen Sakäen. Es gibt Menschen, »die, aus Mangel an Erfahrung oder aus Stumpfsinn, sich von solchen Erscheinungen wie von ›Volkskrankheiten‹ spöttisch oder bedauernd im Gefühl der eigenen Gesundheit abwenden: die Armen ahnen freilich nicht, wie leichenfarbig und gespenstisch eben diese ihre ›Gesundheit‹ sich ausnimmt, wenn an ihnen das glühende Leben dionysischer Schwärmer vorüberbraust[25].« Nietzsche aber verhielt sich anders, er machte keine ablehnende Gebärde, er gesellte sich im Geiste selbst unter die von glühendem Leben getriebenen dionysischen Schwärmer. Er schämte sich dessen nicht im geringsten, und das ist gerade das Einzigartige an ihm.

Allerdings hatte er hierin auch keine Wahl. Die Gewalt des Gottes kam mit elementarer Macht über ihn und zwang ihn, sich unter die Begeisterten zu mischen. Nietzsche gab sich dem Strom des Dionysischen vorbehaltlos hin, und deswegen befindet man sich bei ihm trotz des Samtkragens, den er auf seinem Rocke trug, nicht in einer professoralen Gesellschaft, sondern im Kreise der von diesem Gott Verzückten. Es bedeutete ihm eine unaussprechliche Freude, daß nicht nur der Bund zwischen Mensch und Mensch wieder sich zusammenschloß, sondern auch »die entfremdete, feindliche oder unterjochte Natur wieder ihr Versöhnungsfest mit ihrem verlorenen Sohn, dem Menschen, feiert«[26].

Da für die Griechen das Maßhalten einer unsterblichen Weisheit gleichkam, empfand Nietzsche den dionysischen Rausch zuerst als barbarisch und titanenhaft, ohne sich aber auf die Dauer der inneren Verwandtschaft mit den gestürzten Titanen erwehren zu können. An Stelle des Maßes trat das Übermaß, das ihm letzte Weisheit enthüllte. Ohne sie kann auch das Apollinische insgeheim nicht existieren. Durch Nietzsches Leben brauste fortan, einem Sturmwind gleich, der dionysische Gott, dessen Lockruf er bis in den lutherischen Choral hinein vernommen hat. Walter F. Otto schreitet ganz in Nietzsches Fußstapfen, wenn er in seinem Buch über »Dionysos« den Gott schildert, bei dessen »Empfängen das Irdische vom Glanz des göttlichen Himmels berührt wurde. Aber in der Verbindung des Himmlischen mit dem Erdhaften, die sich im Mythos der Doppelgeburt ausdrückt, war die Tränenschwere des Menschenlebens nicht aufgehoben, sondern in hartem Widerspruch zur übermenschlichen Herrlichkeit erhalten. Der so Geborene ist nicht bloß der Jauchzende und Freudenbringer, er ist der leidende und sterbende Gott, der Gott des tragischen Widerspruches. Und die innere Gewalt dieser Doppelwesenheit ist so groß, daß er wie ein Sturm unter die Menschen tritt, sie erschüttert und ihren Widerstand mit der Peitsche des Wahnsinnes bändigt. Alles Gewohnte und Geordnete muß zersprengt werden. Das Dasein wird plötzlich zum Rausch – zum Rausch der Seligkeit, aber nicht weniger zu dem des Schreckens[27].« Dionysos ist der göttlich Trunkene, der plötzlich als das Ungeheure mit »totenstillem Lärm« in Nietzsches Dasein trat und zu seinem entscheidenden Erlebnis wurde. Das Urteil, »in dem, was Nietzsche über Heraklit gesagt hat, lebt sein innerstes Wesen weiter«, besteht nur zu Recht, wenn man bedenkt, daß er auch den dunklen Philosophen von Ephesus ganz dionysisch deutete[28]. Dionysos' Erscheinen bleibt die große Stunde im Leben Nietzsches. Das dionysische Erlebnis bedingte auch seine Ablehnung Sokrates', da dieser die Instinktsicherheit des griechischen Menschen zerbrochen habe, und für Nietzsche deswegen zu den fragwürdigsten Gestalten des Abendlandes wurde. Nietzsches vertraute Welt verwandelte sich völlig unter Dionysos. Die Tiefen der Urwelt begannen wieder mit ihm zu reden. Aber, »welche unglückliche Schüchternheit«, klagte Nietzsche später, von Dionysos »als Gelehrtem zu reden, von dem ich hätte als ›Erlebtem‹ reden können«[29]. Es war der gleiche Irrtum, dessen sich die neue Seele schuldig gemacht hatte, als sie philosophierte, anstatt zu singen. Wirklich schade, daß er das Unwissenschaftlichste vermeinte wissenschaftlich formulieren zu müssen. Durch dieses unmögliche Unterfangen brachte er das Dionysische gerade um seinen wahren Glanz. Hätte der junge Nietzsche gewagt, ein unmittelbares Zeugnis abzulegen, wahrhaftig, seine Worte wären noch von einer viel größeren Sprengkraft gewesen.

Was aber bedeutete die reale Begegnung mit Dionysos, die Nietzsche inmitten der Stadt des Erasmus widerfuhr? Zahlreiche Folgen sind aus dem Erlebnis mit dem überströmenden Urwesen hervorgegangen, das alles Feste zum Fließen gebracht hat.

Die erste Wirkung war eine Umgestaltung der traditionellen Vorstellung vom Griechentum. Nietzsche war nicht der erste Mensch, der den unvergänglichen Glanz Hellas' sah. Er hatte hierin eine Reihe von Vorläufern, die sich gleich ihm mit dem Land der Sehnsucht beschäftigt haben, auch wenn es ihnen, sowenig wie Nietzsche, selbst je vergönnt war, es mit ihren Füßen zu betreten. Von Winckelmann, der zuerst die ewige Schönheit der griechischen Gestalt sah, über Herder, Goethe, Humboldt bis zu Hölderlin führt jener Reigen deutscher Menschen, denen Griechenland sowohl ewiger Traum als zeitloses Vorbild der Humanität war. Walther Rehm hat diese ergreifende Geschichte eines Glaubens in seinem Buch »Griechentum und Goethezeit« mit innerer Anteilnahme geschildert. Die klassische Auffassung von Hellas ist zweifellos edel, strahlend und unvergänglich, aber nichtsdestoweniger einseitig. Es ist irreführend, sich das griechische Leben nur nach den Plastiken des Zeitalters Perikles' vorzustellen. Nietzsches Verneinung des überkommenen Griechenbildes löste zuerst Empörung aus, weil es die angeblich heiteren, harmonischen Griechen pessimistisch deutete. Man bezichtigte ihn der Widerspruchslust, die opponierte, nur um eine andere Meinung zu vertreten. Dieser Vorwurf ist verfehlt, weil Nietzsche tatsächlich nicht mehr jenes glanzvolle Bild Hellas' schaute, von dem die Klassik so stark geformt worden war. Vor seinen Augen stieg ein heroisch-chaotisches Griechentum auf, das sich als nicht weniger fruchtbar erwies. Er spürte im Griechischen wieder etwas von den Urgewalten des Lebens und von den unaufhebbaren Widersprüchen, die allem menschlichen Dasein zugrunde liegen. Die Vorstellung von der maßvollen Harmonie wurde durch die heftige Leidenschaft gesprengt, die Nietzsche im griechischen Menschen wahrnahm. Jenes unterirdische Griechentum kam bei ihm an die Oberfläche, das mit seiner wilden Raserei das Ideal der würdevollen Schönheit hinwegfegte. Nietzsche wurde auf die Verwandtschaft von Griechentum und Orientalismus aufmerksam. Daraus mußte eine tiefe Umgestaltung des überlieferten Griechenbildes hervorgehen, das weniger harmonisch, aber dafür elementarer war. Neben dem Mythen schauenden Jakob Bachofen wurde Nietzsche zum Entdecker der vorklassischen Periode des hellenischen Geistes. Er sah das ältere Griechentum wieder, das noch in ekstatischem Leben aufschäumte. »Die Zeit zwischen Hesiod und Äschylos, die Zeit des düsteren Ernstes, in dem das Epos versinkt und aus dem die Tragödie aufsteigt, das ist sein Hellas[30].«

Nietzsches Dionysos-Erlebnis, das eine Umwandlung des klassischen Griechenbildes zur Folge hatte, ist keine Aufforderung zur Rückkehr zu dem älteren Griechenland. Nach seinem Dafürhalten können »wir ohnehin nicht ins Alte zurück, wir haben die Schiffe verbrannt; es bleibt nur übrig, tapfer zu sein, mag nun dabei dies oder jenes herauskommen[31].« Unmißverständlich rief Nietzsche aus: »Ach, Freunde, wir müssen auch die Griechen überwinden[32].« Es entging seinem Blick nicht, daß »die griechische Welt vorbei ist«, da sie auf Anschauungen beruht, die wie das gesamte Altertum der Vergangenheit angehören[33]. Nicht um eine romantische Rückkehr zu Hellas handelte es sich bei Nietzsche, sondern um die Darlegung des religiösen Charakters seiner Dionysos-Begegnung. Sein Hang zum älteren Griechentum resultierte aus einem Verlangen nach Religion, und Nietzsche stand mit einer religiösen Ergriffenheit Dionysos gegenüber. Darum vertrug sich sein Erlebnis auch nicht mit der christlichen Frömmigkeit: »Wer mit einer andern Religiosität im Herzen an diese Olympier herantritt und nur nach sittlicher Höhe, ja Heiligkeit, nach unleiblicher Vergeistigung, nach erbarmungsvollen Liebesblicken bei ihnen sucht, der wird reumütig und enttäuscht ihnen bald den Rücken kehren müssen. Hier erinnert nichts an Askese, Geistigkeit und Pflicht: hier redet nur ein üppiges, ja triumphierendes Dasein zu uns, in dem alles Vorhandene vergöttlicht ist, gleichviel, ob es gut oder böse ist[34].« Die Berührung mit dem Gott brachte Nietzsche zwangsläufig in ein gläubiges Verhältnis zu Dionysos, der Hingabe und Inbrunst von ihm forderte. Wäre es anders, dürfte man nicht von einer realen Begegnung mit dem zerstückten Gott reden. Nietzsche ist von seinem religiösen Erleben des Dionysos aus zu verstehen; mit dem Übersehen dieser Tatsache hängen fast alle die mannigfachen Mißverständnisse zusammen, die sich an seinen Namen knüpfen.

Während man seit der frühchristlichen Zeit Hellas meistens unter dem Gesichtspunkt der Kirche beurteilte, liegt bei Nietzsche ein höchst bedeutsamer Versuch vor, jenseits der christlichen Weltbetrachtung zum Griechentum vorzustoßen. Nietzsche, der in einem religiösen Verhältnis zu Dionysos stand, wagte es wieder, zum Heidentum entschlossen ja zu sagen, und entsetzte sich nicht gleich über den Begriff Paganismus, als müßte das notwendig ein widerwärtiges Dasein sein. Er sprach nicht von »heidnischen Greueln«, er entdeckte vielmehr wieder das ursprüngliche Heidentum, das er mit religiöser Ehrfurcht erlebte. Nach Nietzsche sind »wir Heiden dem Glauben nach die ersten, die es begreifen, was ein heidnischer Glaube ist«[35]. Hätte man damals Nietzsches aufwühlendes Dionysos-Erlebnis als Anliegen ernst genommen, so wäre man wohl kaum so ahnungslos überrumpelt worden, als nach dem Ersten Weltkrieg allenthalben die paganistischen Tendenzen in denkbar niedriger Form aufbrachen. Nietzsche hat sie auf viel höherer Stufe vorweggenommen und hat sich auch hierin als großer Vorläufer erwiesen, der schon früh die Frage nach dem tatsächlichen und wünschbaren Verhältnis von Antike und Christentum aufwarf. Er beantwortete dieses Problem mit einem neuen Heidentum, das freilich aus inneren Gründen scheitern mußte. Bei aller Fragwürdigkeit schließt Nietzsches Heidentum eine adelige Frömmigkeit und ein strahlendes Schönheitsbild in sich. Das neue Heidentum Nietzschescher Prägung ist seelenvoll, weil es ungewollt durch die christlichen Jahrhunderte hindurchgegangen ist. Trotz der Läuterung kann sich aber das neu beschworene Heidentum für das christliche Abendland nur verhängnisvoll auswirken.

Das metaphysische Erleben und nicht das literarische Betrachten des Dionysischen brachte die Urquelle allen Daseins in Nietzsche wieder zum Sprudeln. Hinter der Hieroglyphe »Dionysos«, die Nietzsche von der ersten bis zur letzten Schrift gebrauchte, stand wirklich »das Geheimnis eines Menschen, dem die Tiefen der Welt neu aufgegangen« sind[36]. Über das Schöpferische dieses Erlebens führte er selbst im »Antichrist« wörtlich aus: »Dies alles bedeutet das Wort Dionysos: ich kenne kein höheres Symbol als diese griechische Symbolik, die des Dionysischen. In ihr ist der tiefste Instinkt des Lebens, der zur Zukunft des Lebens, zur Ewigkeit des Lebens, religiös empfunden, der Weg selbst zum Leben, die Zeugung, als der heilige Weg ...[37].« Nietzsche brachte als letzter Jünger Dionysos' dem Orgiasmus stärkstes Interesse entgegen, Dionysos bedeutete ihm nicht nur die Lust am Kommenden, er identifizierte ihn mit dem Prinzip des Lebens selbst! Das Dionysische ist für Nietzsche das Lebensgefühl an sich, in welchem des Lebens Urmacht selbst wieder zu quellen beginnt, die nicht begriffen und nicht erklärt, sondern in ihrer Rätselhaftigkeit und Unerschöpflichkeit nur erlebt werden kann. Unmöglich ist es, die Urgewalt des Lebens in Worte zu fassen, da sie unaussprechlich ist. Alle Begriffe wie Rausch, Tanz, Rhythmus, ewiges Werden sind nur ein schwaches Stammeln über das dionysische Lebensgefühl, dessen Aufbruch bei Nietzsche nichts Geringeres bedeutete als die Geburt der Lebensphilosophie! Wer auf den

Vorgang mit aufmerksamem Ohr horcht, wohnt dem Entstehungsprozeß der Lebensphilosophie bei, die in der modernen Zeit so viele Menschen bezauberte und mit sich riß.

Dank dem künstlerischen Naturell gelang es Nietzsche, sein persönlichstes Erleben in allgemeingültiger Weise zu formulieren. Das greifbare Resultat bestand in der Umreißung einer Philosophie, die nutzbar gemacht werden konnte. Mit diesem Vorteil ging freilich eine wesentliche Seite verloren: Was in Nietzsches individueller Begegnung »glühendes Leben dionysischer Schwärmer« war, wurde nun Philosophie, die man auf dem Katheder dozierte und über die man in den Cafés diskutierte. Ein religiöses Erleben sank zu einem intellektuellen Gerede herab. Es büßte den zarten, hauchdünnen Schmelz ein, der bei allen endlosen Diskussionen dahingeht. Ungeachtet dieses bedauerlichen Nachteils, ist Nietzsche der Urheber der Lebensphilosophie, er und niemand anderer hat ihr alle entscheidenden Stichworte geliefert. Überall, wo man heute sich nach einem schöpferischen Leben ausstreckt, wo ein eingeengtes Dasein nach Befreiung drängt, wo man das Leben wieder glühend anschaut, steht bewußt oder unbewußt der Schatten Nietzsches dahinter. Die ganze Lebensphilosophie, ob sie sich auf Bergson, Scheler oder Klages beruft, ist letztlich ihm verpflichtet. Der Verfasser des »Zarathustra« nimmt in der Geistesgeschichte jene Stelle ein, von der aus der vulkanartige Durchbruch zur modernen Lebensphilosophie erfolgte. Jegliche Auseinandersetzung mit ihr, die eine der tiefsten Forderungen der Neuzeit und eine der innersten Sehnsüchte des modernen

Menschen zum Ausdruck bringt, hat von Nietzsche, dem Begründer, auszugehen.

Nietzsches Philosophie wollte allen Pessimismus, Skeptizismus und Nihilismus durch einen unbändigen Willen zum Leben überwinden. Als Philosoph des Lebens hat er dem »verführerischen Goldaufblitzen am Bauch der Schlange Vita« berückende Worte verliehen, denen man nur schwer widerstehen kann[38]. Die berauschende Lebensmusik, die Nietzsche in seinen Werken zum Erklingen brachte, ist um so höher einzuschätzen, als sie sich bei dem schwerkranken Menschen nicht von selbst verstand. »Hier soll das Gleichgewicht, die Gelassenheit, sogar die Dankbarkeit gegen das Leben aufrechterhalten werden, hier waltet ein strenger, stolzer, beständig wacher, beständig reizbarer Wille, der sich die Aufgabe gestellt hat, das Leben wider den Schmerz zu verteidigen und alle Schlüsse abzuknicken, welche aus Schmerz, Enttäuschung, Überdruß und Vereinsamung und anderen Moorgründen gleich giftigen Schwärmen aufzuwachsen pflegen[39].« Was Nietzsche unter dem Wort »Leben« verstand, hat er in ungezählten Bestimmungen ausgeführt: »Leben, das heißt: fortwährend etwas von sich abstoßen, das sterben will; Leben, das heißt: grausam und unerbittlich gegen alles sein, was schwach und alt an uns ist[40].« Der Lebensstrom riß Nietzsche mit sich, er badete in seinen Wellen und rief den Lesern voll Übermut zu: »Glaubt es mir, das Geheimnis, um die größte Fruchtbarkeit und den größten Genuß vom Dasein einzuernten, heißt: gefährlich leben! Baut eure Städte an den Vesuv! Schickt eure Schiffe in unerforschte Meere! Lebt in Krieg mit euresgleichen und mit euch selber![41]« Nietzsche hatte tatsächlich in die Tiefe des Lebens geblickt, man liest bei ihm Ausführungen von einer Sublimität, die man sonst nirgends findet und die oft das Rätsel des Lebens in ein einziges Wort zusammenfassen und es ganz von innen betrachten. »Ich will sagen, daß die Welt übervoll von schönen Dingen ist, aber trotzdem arm, sehr arm an schönen Augenblicken und Enthüllungen dieser Dinge. Aber vielleicht ist dies der stärkste Zauber des Lebens: es liegt ein golddurchwirkter Schleier von schönen Möglichkeiten über ihm, verheißend, widerstehend, schamhaft, spöttisch, mitleidig, verführerisch. Ja, das Leben ist ein Weib[42].« Auch im »Zarathustra« hat er diese heiße Lebensliebe besungen, besonders verführerisch in dem »Ja- und Amenlied« und in den beiden Tanzliedern: »In dein Auge schaute ich jüngst, o Leben: Gold sah ich in deinem Nacht-Auge blinken, mein Herz stand still vor dieser Wollust[43].«

Die schäumende und überschäumende Lebensliebe wirkte sich in einem unbegrenzten Jasagen zu dem Leben aus, einem Ja, das auch das grausamste Schicksal mit Leid und Schuld ohne Vorbehalt einschließt. Alle Melancholie war endgültig überwunden und hatte einem übersteigernden Triumph Platz gemacht: »Das Jasagen zum Leben, selbst noch in seinen fremdesten und härtesten Problemen, der Wille zum Leben, im Opfer seines höchsten Typus der eigenen Unerschöpflichkeit froh werdend – das nannte ich dionysisch[44].« In alle Abgründe wollte Nietzsche noch sein segnendes Jasagen hinabtragen, ein freiwilliges Aufsuchen auch der verabscheuten und verruchten Seiten des Daseins sollte es sein. »Gesetzt, wir sagen ja zu einem einzigen Augenblick, so haben wir damit nicht nur uns selbst, sondern zu allem Dasein ja gesagt. Denn es steht nichts für sich, weder in uns selbst noch in den Dingen: und wenn nur ein einziges Mal unsere Seele wie eine Saite vor Glück gezittert und getönt hat, so waren alle Ewigkeiten nötig, um dieses eine Geschehen zu bedingen – und alle Ewigkeit war in diesem einzigen Augenblick unseres Jasagens gutgeheißen, erlöst, gerechtfertigt und bejaht[45].« Immer von neuem sollte nach Nietzsche diese Welt verklärt werden, und er fand für diese überquellende Haltung die Formel »amor fati«. Sie bedeutet alles andere als Fatalismus. Wie hätte sie sonst Nietzsche zu berauschen vermocht. Amor fati war Umwandlung des persönlichen Lebens in ein höheres Dasein, nicht viel anders, als es der Mystiker erlebt. Nietzsches Schicksalsliebe wollte fortan nichts anderes haben, weder vorwärtsblickend noch rückwärtsblickend, in alle Ewigkeit nichts, als was einem das Leben beschieden hat. »Amor fati: das sei von nun an meine Liebe«, erklärt er und verkündet mit Leidenschaft jene glühende Weltfrömmigkeit, die mit ihrem ausgeprägten Gefühl für das Schicksalshafte »das Notwendige nicht bloß erträgt und sich ihm bereitwillig ergibt, sondern es in Übereinstimmung noch als wünschenswert liebt!«[46]. Der religiöse Hymnus auf das Leben, auch in seiner leidvollsten Form, kann schwerlich noch überboten werden. Nietzsches schwermütig-ekstatische Schicksalsliebe besitzt einen durchaus metaphysisch-kosmischen Charakter.

Auch vor dem Tode schreckt dieser jubelnde Lebenswille nicht zurück; denn auch ihn betrachtete er als zum Leben gehörend. Nietzsche war bestrebt, aus dem Tod ein

Fest zu machen, um dem Weltgrund eine dankbare, entzückte Seele zurückzugeben. »Auf eine stolze Art zu sterben, wenn es nicht mehr möglich ist, auf eine stolze Art zu leben. Der Tod aus freien Stücken gewählt, der Tod zur rechten Zeit mit Helle und Freudigkeit[47].« Mit dieser kühnen Philosophie des Todes krönte Nietzsche sein dionysisches Lebensgefühl, wobei freilich das Hinscheiden eines Menschen mit Siechtum und Qualen verbunden sein kann, die jeglichen Versuch, in Schönheit zu sterben und den Tod zum Fest der Seele zu gestalten, verunmöglichen. Nietzsches eigenes letztes Jahrzehnt ist hiefür ein unwiderlegbarer Beweis.

Das glockenhell klingende Ja zum Leben zeigt sich in einer ganz ungebrochenen Einstellung zu dieser Erde. Da das 19. Jahrhundert kaum noch eine lebendige Gewißheit des Himmels besaß, konnte Nietzsche nur mit einem wahren Ingrimm gegen alle Hinterweltlerei ankämpfen, die das Überirdische nicht mehr als Realität in sich hatte. Aus der Überzeugung, daß die Wahrheit tief im Irdischen liegt, ging seine beschwörende Mahnung hervor: »Meine Brüder, bleibt der Erde treu![48]« Das Diesseits darf nicht mehr wie seit dem frühchristlichen Asketismus als ein Jammertal geschändet werden, aus dem der Mensch möglichst bald erlöst zu werden hofft; seine berauschende Weltleidenschaft erfordert eher den Mut, tief in das Diesseitige einzudringen, um es als eine unaussprechliche Freude zu erleben. Nietzsches Erdenliebe erreicht ihren Höhepunkt im Jubelruf: »Das Herz der Erde ist von Gold![49]« Fürwahr, wer von solcher antiasketischer Erkenntnis durchdrungen war, der war zum Überwinder der Schopenhauerischen

Verdüsterung berufen. Der Begründer eines neuen geistigen Bacchantentums allein konnte die Menschen wieder zur mütterlichen Erde zurückführen, ein Tun, dem auch ein Wahrheitselement innewohnt und das eine westliche Parallelerscheinung zu Dostojewskijs östlicher Parole von der sakramentalen Erde ist. Nietzsches Gott Dionysos war ein Erdgeborener und Erdgebundener, er personifiziert die Treue zur Erde, in der der Mensch erneut Wurzel fassen soll. Auch in dieser unbeirrbaren Liebe zur Erde wurde Nietzsche zum Wortführer des typischen Lebensgefühls des neuzeitlichen Menschen, der seinem tiefsten Wesen nach auf selige Erfüllung und nicht auf Erlösung von dieser Welt ausgeht, was eine prinzipielle Verschiedenheit ist.

Das Jasagen zum Diesseits schließt die vorbehaltlose Anerkennung des Leibes in sich. Nietzsche gebrauchte nicht den unschönen Begriff des Fleisches, das ohnehin durch das Christentum als schwach disqualifiziert worden war, er sprach stets im griechischen Sinn vom Leibe, dessen Eigenleben er nicht als Sünde empfand, dem sich der Mensch leider nicht zu entziehen vermag. Nietzsche war gänzlich frei von jeglicher verquälten Einstellung dem eigenen Leib gegenüber. In ungezwungener Heiterkeit sang der Jünger des Dionysos das Loblied der Sinne und nahm gegen die asketischen »Verächter des Leibes« schroff Stellung[50]. Mit seiner heidnischen Lebenseinstellung gab er den Dichtern mehr Recht als den Philosophen, die sich gerne ins Abstrakte versteigen. Die Künstler haben die große Spur des Lebens weniger verloren und sind den Dingen dieser Welt gelöster zugetan als die abstrakten Begriffsmenschen. Nietzsches Betonung des Leibes hat weniger mit der modernen Tendenz des Sportes zu tun als mit der Erneuerung der griechischen Vergottung des Leibes. Seine Einstellung ist eine Überschreitung des kirchlichen Lebensgefühles, das sich nie völlig von der neuplatonischen-manichäischen Leibverachtung zu befreien vermochte und sich deswegen des Körpers immer beinahe schämte, anstatt ihn als ein Schöpfungswerk Gottes zu ehren. Das verschwenderische Jasagen zur Erde und zum Leibe wurde für Nietzsche zur großen Schule der Genesung, in dieser strahlenden Sonnenfülle badete er sich gleichsam gesund, und alle Verkrampfung fiel von ihm ab. Er genoß in vollen Zügen die güldene Heiterkeit, die ihm da geschenkt wurde, und sang fortan mit freudiger Stimme deren Loblied.

Trotz der frohgemuten Klänge bleibt Nietzsches sprühende Lebensphilosophie nicht ungeprüft. Auch er konnte nicht vermeiden, das in philosophischen Termini auszudrücken, was seinem Wesen nach nicht mehr Philosophie, sondern das Leben selbst sein will. Kritisch betrachtet, ist Nietzsches Lebensphilosophie einer Reihe von Bedenken unterworfen, die nicht unterdrückt werden dürfen, will man sich nicht einer blinden Verherrlichung schuldig machen.

In Nietzsches Lebensphilosophie preist ein Mensch die Daseinsfreude, der selbst gar keine vitale, sinnenfrohe Persönlichkeit war. Mit seiner nervös-zerebralen Veranlagung erweckte er eher einen krankhaften Eindruck. Er wollte seine Lebensangst übertönen, indem er sich einredete, eine dionysische Gestalt zu sein. Sein Verhältnis zum Dionysischen war oft dasjenige des Wunsches, er verherrlichte damit, was ihm selbst abging. Er glich jenem Buckligen, der sich an athletischen Leistungen berauscht, die er selbst nicht ausführen kann, und der, seines eigenen Mangels wegen, die Schönheit des Lebens um so höher einschätzt. Dieser Beobachtung liegt sicher ein Gran Wahrheit zugrunde, wenn sie auch rein psychologisch argumentiert, was nie entscheidendes Gewicht hat. Gewiß stand Nietzsche, weit mehr als Hölderlin, zur dionysischen Lebenshaltung in einem Verhältnis der Sehnsucht, und es war ihm selbst diese vegetativ-leibliche Lebensfülle nicht beschieden. Doch war das Dionysische bei Nietzsche nicht bloße Kompensation seiner Minderwertigkeitsgefühle, es entsprang seinem eigenen Lebensdrang. Allein schon seine Sprache zeigt, daß sein dionysischer Lebensstil wirklich schöpferischer und nicht nur reflektorischer Natur war. Nietzsche war in der Neuzeit dem Dionysischen wieder begegnet, er hat es zum Durchbruch geführt. Die Echtheit seines Dionysos-Erlebnisses kann ernsthaft nicht angefochten werden. Dem dionysischen Lebensrhythmus kommt eine Bedeutung zu, die völlig unabhängig ist von der psychisch-physischen Beschaffenheit von Nietzsches Persönlichkeit. Der psychologische Einwand kann und darf die sachliche Auseinandersetzung mit Nietzsches Lebensphilosophie nicht ersetzen.

Der Diskussion unterstellt ist die Frage, ob in Nietzsches Lebensphilosophie nicht indirekt eine Aufforderung zur Auslebe-Theorie vorliegt. Er legte die Schranken nieder, die den Menschen bis dahin an der Entfesselung seiner Triebe gehindert haben. Bewußt durchstieß er die lebensnotwendigen Hemmungen und hat damit vielen jungen Leuten die Köpfe unheilvoll verdreht. Eine nähere Kenntnis von Nietzsches Werken kann jedoch diese grobklotzige Auffassung nicht billigen, sie schlägt seinen wahren Intentionen direkt ins Gesicht. Wie haßte er doch die Geilen und Brünstigen der Städte, und mit welch lachender Überlegenheit redet er vom Wert der Keuschheit, die zu ihm kam und nicht er zu ihr. Dieser Antiidealist glaubte doch im tiefsten Grunde seines Wesens glühend an seine Seele, und durch den Mund Zarathustras rief er aus: »Wirf den Helden in deiner Seele nicht weg! Halte heilig deine höchste Hoffnung![51]« Persönlich war Nietzsche ein lauterer, völlig integrer Mensch, der alle Gier und alle Betriebsamkeit verabscheute. Er hielt die stillsten und nicht die lautesten Stunden für die größten Ereignisse: »Nicht um die Erfinder von neuem Lärm, um die Erfinder von neuen Werten dreht sich die Welt, unhörbar dreht sie sich[52].« Bei aller dynamischen Einstellung hatte Nietzsche doch auch eine verborgene Beziehung zum Statischen, wie dies seine Liebe zu Stifter verrät, den er zu einer Zeit las, als dessen Wertschätzung nur bei wenigen lebendig war. Nietzsche baute seine Lebensphilosophie nicht auf darwinistischer Grundlage auf, zumal er ausdrücklich davor warnte, Ursache und Wirkung fehlerhaft zu verdinglichen, wie es viele Naturforscher gemäß der damals herrschenden mechanistischen Tölpeleien taten. Sein Lebensbegriff erschöpfte sich keineswegs in einem Kleben am Dasein. Daß es sich bei Nietzsche nicht um einen gierigen Lebenshunger und nackten Egoismus handelt, ist aus seinen Ausführungen über den Schmerz zu ersehen, die sein wahres

Wesen enthüllten. Der Mann, dem das Leben eine beständige Verwandlung in Licht und Flamme bedeutete, hatte ein durchaus bejahendes Verhältnis zum Leiden: »Erst der große Schmerz, jener lange, langsame Schmerz, der sich Zeit nimmt, in dem wir gleichsam wie mit grünem Holze verbrannt werden, zwingt uns Philosophen, in unsere letzte Tiefe zu steigen und alles Vertrauen, alles Gutmütige, Verschleiernde, Milde, Mittlere, wo hinein wir vielleicht vordem unsere Menschlichkeit gesetzt haben, von uns zu tun. Ich zweifle, ob ein solcher Schmerz ›verbessert‹, aber ich weiß, daß er uns vertieft[53].« Dies waren nicht nur schöne Worte. Als schmerzensreicher Mann hat Nietzsche nach dieser Einsicht gelebt und sein leidvolles Dasein mit einer vorbildlichen Kraft ertragen. Allein, schon diese Wahrnehmung flößt Ehrfurcht ein. Nach ihm bestimmt der Schmerz die Rangordnung, wie tief ein Mensch zu leiden imstande ist. Alle Äußerungen gegen die Askese, die Nietzsche getan hat, stammen im Grunde von einem asketischen Menschen, der um die Bedeutung von Verzicht und Enthaltung genau Bescheid wußte. Der Dichter des »Zarathustra« war bei aller Erdverbundenheit ein nach der Ewigkeit lechzender Mensch. »Doch alle Lust will Ewigkeit, will tiefe, tiefe Ewigkeit«, rief er aus und fügte das an metaphysische Gewißheit grenzende Wort hinzu: »Es gibt die Ewigkeit![54]« Nietzsche hat ein Anrecht darauf, von dem kläglichen Mißverständnis verschont zu bleiben, als sei es ihm um die »Freiheit der Genüsse« zu tun gewesen. All die Genüßlinge und Lüstlinge sind durch einen Abgrund von ihm getrennt.

Wenn auch die angeführten Bedenken nicht aufrechtzuerhalten sind, von einem Einwand kann Nietzsche nicht freigesprochen werden: Er hat seine Lebensphilosophie viel zu wenig gegen den Vitalismus abgeschirmt, der als konsequente Lebenseinstellung eines geistigen Menschen unwürdig ist. Der Mensch, der allen sinnenverwirrenden Vitalstürmen bereitwillig nachgibt, wurde noch immer von ihnen überrannt, wofür das philosophische Endstadium des hochbegabten Max Scheler ein erschütterndes Beispiel ist. Nietzsches Lebensphilosophie kennt keine Abgrenzung gegen den Biologismus. Nicht das Leben an sich ist schon heilig. Es gibt auch ein blindes, sinnverlorenes Leben, das nur zum Chaos führt und das nicht gebilligt werden kann. Mit dem Versuch, das Leben als ein ästhetisches Phänomen zu rechtfertigen, ist Nietzsche ungewollt zu stark dem oberflächlichen Zug seiner Zeit erlegen. Die Göttlichkeit dem Menschen aus dem Leben wieder zu schenken ist ein Unternehmen, das Margarete Susman in ihrem Nietzsche-Aufsatz mit den Worten kommentierte: »Damit erklärt Nietzsche das Leben als göttlich in einem Augenblick, in dem, wie er selbst mit so tödlicher Klarheit wußte, der letzte Schimmer von Göttlichkeit aus dem Leben der Menschen gewichen war, wo ein wurzelloses, von der Maschine und allen ihren Begleiterscheinungen entseeltes und entmenschlichtes Leben, wie Goethe es vorausgesehen hatte, wirklich geworden und schon weit übertroffen war[55].« Tatsächlich verstand die zweite Hälfte des 19. Jahrhunderts unter Leben nicht mehr den Schöpfungsakt Gottes, sondern vorwiegend nur noch Geld verdienen, sich zur Geltung bringen und dem Sexus frönen. Die tieferen Lebenswerte waren damals bereits entflohen. In einer derart götterlosen Stunde darf man nicht unbedenklich den Bios verherrlichen, wenn man nicht den Dämonien freien Lauf lassen will. Es kann nicht bestritten werden, daß Nietzsches Lebensbegriff eine letzte Tiefe fehlt, wie bei allen Denkern, die den Geist als Widersacher der Seele denunzieren und sich in einem zügellosen Vitalismus gefallen. Er läßt ihn zu stark vom grellen, elektrischen Licht der Neuzeit beleuchtet sein, anstatt ihn mit dem einzig sinnvollen Lebensgeheimnis Gottes in Zusammenhang zu bringen.

Trotz der dunklen Schatten birgt Nietzsches Lebensphilosophie auch Werte in sich, namentlich dort, wo sie als Impuls begriffen wird. Sie ist mehr Intention denn Weltanschauung. Als Antrieb und Stimulans will sie den Menschen in Bewegung bringen, damit er in die Zukunft blicke. Auf dieses In-die-Zukunft-gerichtet-Sein muß das Hauptgewicht gelegt werden, weil diese Unterströmung seiner Lebensphilosophie den tieferen Inhalt seines Daseins ausmacht und seinem Profil das prophetische Aussehen gibt. Nietzsche schreibt über das »plötzliche Gefühl und Vorgefühl von Zukunft, von nahen Abenteuern, von wieder offenen Meeren, von wieder erlaubten, wieder geglaubten Zielen«[56]. Er kann sich nicht vorstellen, wie »wir Kinder der Zukunft« in diesem trostlosen Heute zu Hause sein können. Nietzsche wollte über das Gegenwärtige hinaus, begehrte sich selbst zu übersteigen, und dieses zukunftsgerichtete Verlangen ist der wertvolle Kern seiner Lebensphilosophie. Er hätte seine Bestrebungen am liebsten eine »Philosophie der Zukunft« genannt, als deren Herold er sich vorkam und die ihn unaufhörlich bedrängte[57]. Eine geradezu stürmische Kraft der Hoffnung lebte in diesem gesundheitlich bedrohten Menschen; er gab ihr allerdings auf eine oft ganz unchristliche Art Ausdruck. Das visionäre Gefühl für das Zukünftige ließ Nietzsche bereits hellseherisch die Zeichen des nächsten Jahrhunderts erkennen, deren erstes er im Eintreten der Russen in die Kultur sah, was wohl eine der erstaunlichsten Äußerungen seiner prophetischen Begabung ist.

Nietzsche gebrauchte statt des Begriffes »Zukunft« auch den Terminus »neu«, der zu seinen Lieblingsworten gehört. Der Jünger des Dionysos wollte »die Dinge neu färben«[58], ihnen »einen neuen Glanz geben«[59] und war von der festen Überzeugung erfüllt, »daß die Gewichte aller Dinge neu bestimmt werden müssen«[60]. Immer wieder tönt aus seinen Schriften der Ruf: »Eine neue Gerechtigkeit tut not! Und eine neue Losung! Und neue Philosophen![61]« Er selbst wollte »die werden, die wir sind – die Neuen, die Einmaligen, die Unvergleichbaren, die Sichselber-Gesetzgebenden, die Sich-selber-Schaffenden«[62]. Auch Zarathustra verkündet voll Überschwang: »Neue Wege gehe ich, eine neue Rede kommt mir, müde wurde ich, gleich allen Schaffenden, der alten Zungen[63].« Ob Nietzsche nach »einer neuen Seligkeit« oder nach »einem neuen Gefühl« verlangt, jedenfalls kehrt der Begriff »neu« bei ihm immer wieder, und diesen Klang hört man vor allem aus seinen Schriften, nimmt man die tieferen Ahnungen wahr, die das Herz dieses Mannes erfüllten[64].

Im Grunde fehlte es Nietzsche an Worten, um das dionysische Lebensgefühl adäquat zu formulieren. Leben kann nie restlos befriedigend in Worte umgesetzt werden.

Auch der wortgewaltige Philosoph stammelte zuletzt nur noch: »Wir neuen Namenlosen, Schlechtverständlichen, wir Frühgeburten einer noch unbewiesenen Zukunft – wir bedürfen zu einem neuen Zweck auch eines neuen Mittels, namentlich einer neuen Gesundheit[65].« Es blieb Nietzsche nichts anderes übrig, als beständig »Pfeile der Sehnsucht«[66] nach dem andern Ufer zu senden und seine Leser aufzufordern: »Eurer Kinder Land sollt ihr lieben: diese Liebe sei euer neuer Adel – das Unentdeckte im fremden Meere! Nach ihm heiße ich eure Segel suchen und suchen[67].« Mit feiner Witterung für das Kommende sah er sich gezwungen, aufs Meer hinauszufahren, »dorthin, wo alle Sonnen bisher untergegangen sind: wir wissen um eine neue Welt...«[68]. Gefühl, Sehnsucht, Instinkt, alles gab Nietzsche den Gedanken ein, daß zur Überwindung des Nihilismus die Menschheit vor allem ein neues »Wozu« braucht. Ein neues Wollen zu einem sinnvollen Dasein brach in Nietzsche leidenschaftlich auf, aus dem heraus er das kühne, stolze Wort sprach: »Erst von mir an gibt es wieder Hoffnungen[69].«

Merkwürdig verschlingen sich im glühenden Leben dionysischer Schwärmer Wahrheit und Irrtum zu einem Knäuel, der nur schwer entwirrbar ist. Aus dieser Verschlungenheit blickt das prophetische Antlitz Nietzsches rätselvoll hervor, der einmal an Overbeck schrieb: »Meine philosophische Stellung ist bei weitem die unabhängigste, sosehr ich mich auch als Erbe von mehreren Jahrtausenden fühle: das gegenwärtige Europa hat noch keine Ahnung davon, um welch furchtbare Entscheidungen mein ganzes Wesen sich dreht und an welches Rad von Problemen ich gebunden bin – und daß mit mir eine Katastrophe sich vorbereitet, deren Namen ich weiß, aber nicht ausspreche[70].« Unheimliches, prophetisches Vorgefühl drückt sich in diesen Worten aus. Nietzsches Blick schweifte in ferne und fernste Lande, zu dem, was noch nicht da ist, aber statt der erhofften neuen Geburt trat Sturz und Katastrophe ein, die ihn mitsamt seinem Zeitalter in den Abgrund riß.

Das Loch zu finden, durch das man ins Etwas kommt

Durch sein ganzes Leben hindurch stellte Nietzsche sich ernsthaft die Frage, wie man die moderne Flut überwinden könne, die er früher und gespenstischer als die übrigen Menschen heranrollen sah. Wenn es auch oft den Anschein hatte, als würde die Wahrheitsauffassung Nietzsches von der eigenen Selbstzerstörung verschlungen werden, so verkennt diese Wahrnehmung die in diesem Denker lebende Gegenbewegung. Er selbst war zu sehr das, was er einen »bauenden Geist« nannte, um sich mit der Konstatierung des Chaos zufriedenzugeben. Stets aufs neue widerfuhren ihm Erlebnisse, die ihm einen Ausweg zeigten und die zugleich die künstlerische Natur Nietzsches erkennen lassen, der von Intuitionen und nicht von Begriffen bewegt wurde.

Es war an einem Augusttag des Jahres 1881, als Nietzsche »am See von Silvaplana durch die Wälder ging; bei einem mächtigen, pyramidal aufgetürmten Block, unweit Surley, machte ich halt. Da kam mir dieser Gedanke«, und er fühlte sich gleich »6000 Fuß jenseits von Mensch und Zeit«[1]. Auf dem friedlichen Spaziergang in der eindrucksvollen Engadiner Natur überfiel ihn die Idee der ewigen Wiederkehr, die ihm der kongenialste Ausdruck für die eruptiv lustvolle Bejahung des Lebens schien. Im ersten Moment erschrak Nietzsche darob, dann aber deutete er kurz entschlossen das bleiche Entsetzen in eine glorreiche Seligkeit um. Das Ewigkeitserlebnis des Wiederkehrgedankens erschütterte Nietzsche wie sonst keine seiner Ideen.

Was den lustwandelnden Philosophen vom Silvaplanersee über alle Maßen entzückte, war die Erfassung des Seins als eine sich in außerordentlich großen Zeiträumen vollziehende Wiederkehr alles Bestehenden. Gemessen am unendlichen Jahr des Werdens ist alles, was ist, schon unendlich viele Male dagewesen und wird noch unendlich viele Male wiederkehren. Es ist ein ewiger Kreislauf: »Dieses Leben, wie du es jetzt lebst und gelebt hast, wirst du noch einmal und noch unzählige Male leben müssen, und es wird nichts Neues darin sein, sondern jeder Schmerz und jede Lust und jeder Gedanke und Seufzer und alles unsäglich Kleine und Große deines Lebens muß dir wiederkommen, und alles in derselben Reihe und Folge – und ebenso diese Spinne und dieses Mondlicht zwischen den Bäumen, und ebenso dieser Augenblick und ich selber. Die ewige Sanduhr des Daseins wird immer wieder umgedreht – und du mit ihr, Stäubchen vom Staube! Würdest du dich nicht niederwerfen und mit den Zähnen knirschen und den Dämon verfluchen, der so redete? Oder hast du einmal einen ungeheuren Augenblick erlebt, wo du ihm antworten würdest: du bist ein Gott, und nie hörte ich Göttlicheres![2]«

Sowohl Zähneknirschen als Beseligung empfand Nietzsche dabei, und nach längerer Überlegung überwog entschieden das Entzücken. Er stellte keine historischen Verbindungslinien zum griechischen Denken und zum Prediger Salomo her, der diese Idee ebenfalls vertrat.

Nietzsche erlebte sie ganz neu, was in leisem Widerspruch zur Vorstellung selbst steht. Dem Gedanken der ewigen Wiederkehr wohnt ein religiöses Element inne, das schon in der Formulierung »ewig« und nicht »endlos« enthalten ist. Nach Nietzsches eigener Meinung ist die Wiederkunftslehre die Religion der freiesten, heitersten und erhabensten Seelen. Die Auffassung, die den Gedanken für Nietzsches Weltanschauung als belanglos auf die Seite schieben möchte, verkennt seine Notwendigkeit für dessen Denken. Die Lehre von der ewigen Wiederkehr bildet den Abschluß von Nietzsches Botschaft, wie Karl Löwith in seinem Buch »Nietzsches Philosophie der ewigen Wiederkunft des Gleichen« überzeugend ausführte. Nietzsche wurde als Verfechter eines heroischen Lebensideals und eines lebensbejahenden Menschtums unabweisbar zu dem Wiederkehrgedanken gedrängt. Es gibt kaum eine bessere Prüfung, ob man zu diesem Leben, einschließlich aller Leiden und aller Schmerzen, wirklich ja sagt, als wenn man bereit ist, es ohne irgendwelche Verbesserung nochmals genau gleich auf sich zu nehmen. Gleichwohl besitzt der Gedanke nicht jene erlösende Kraft, die Nietzsche in ihm fand; denn die Wiederkunftslehre ist nach seinem Geständnis »die extreme Form des Nihilismus«. Sie steht nicht nur mit dem Christentum in unvereinbarem Widerspruch, sie enthält auch heute nichts mehr von der kosmischen Sphärenmusik, die sie einst für das griechische Denken besaß. Sie läuft auf eine Beseitigung Gottes hinaus und will das preisgegebene Ewigkeitsbewußtsein durch einen nie zur Ruhe kommenden Kreislauf ersetzen, der jedoch von trostloser Schwermütigkeit ist. »Diese Entwicklung hat sich doch vielleicht schon unzähligemal wiederholt, und immer genau in ein und derselben Form, alles bis aufs Tüpfelchen genau so, wie es war. Eine Langweile, sag' ich dir, die geradezu kränkend unanständig ist…«, sagt der Teufel zu Iwan Karamasoff über dieses Thema[3].

Noch deutlicher kommt die Übersteigerung seiner Lebensphilosophie in seiner Idee des Übermenschen zum Vorschein, wie er sie im »Zarathustra« komponiert hat. Nietzsche hat die milde und doch gebietende Gestalt Zarathustras stark erlebt, das spürt man aus jeder Zeile seines Werkes. Aus diesem intensiven Erlebnis schrieb er an Gersdorf: »Laß Dich durch die legendenhafte Art dieses Büchleins nicht täuschen: hinter all den schlichten und seltsamen Worten steht mein tiefster Ernst und meine ganze Philosophie.[4]« Nietzsche glaubte gegen das Ende seines Lebens, mit dem »Zarathustra« »der Menschheit das größte Geschenk gemacht zu haben, das ihr bisher gemacht worden ist«[5]. Abgesehen von der dichterischen Kraft des Werkes, ist vor allem die darin auftretende Gestalt wichtig, die »auf eine heilige Weise allen heiligen Dingen Mut und Spott entgegenstellt«[6]. Zarathustra ist eine ungewöhnliche Persönlichkeit, die jeweils aus ihrer Höhle »glühend und stark, wie eine Morgensonne« heraustritt und die von einer vornehmen Einsamkeit umgeben ist, die sich ferne von »allen Fliegen des Marktes« aufhält[7]. Vor allem aber ist Zarathustra ein Mensch, der das geistige Schaffen und nicht das Glück als höchste Seligkeit erlebt, damit um das echt Schöpferische wissend. Ihm muß die große Gesinnung zuerkannt werden, die aus dunkler Schicksalsverbundenheit an die Schüler die Frage richtet:

»Und wollt ihr nicht Schicksale sein und Unerbittliche: wie könntet ihr mit mir siegen?[8]« Dabei erkennt er sich unerschrocken zu jenem Individualismus, der nur für wenige in Betracht kommt: »Ich bin ein Gesetz nur für die Meinen, ich bin kein Gesetz für alle[9].« In der aristokratischen Haltung ist Nietzsches Zarathustra mit Spittelers Prometheus zu vergleichen, mit dem er eine sichtliche Verwandtschaft hat.

Was dem Zarathustrabuch das Aufrüttelnde gibt, war nicht zuletzt die Idee vom Übermenschen, die darin mit beschwingten Worten verkündet wird. Nietzsche hat sich stark mit dem anthropologischen Problem beschäftigt, es hat ihn sein ganzes Leben lang nicht losgelassen. Er fand aber den Menschen nicht liebenswert, allzu häßlich erschien er ihm, so daß schließlich aus seinem Munde der Ausruf kam: »Der Mensch ist etwas, was überwunden werden muß!« Auch hierin diente ihm die Verneinung zum Sprungbrett für ein hohes, neues Menschenbild, das freilich nach Zarathustras Worten noch im Stein schläft und von seinem Hammer erst aus dem Gefängnis befreit werden soll. Es ist von einer hohen Schau getragen, so daß Berdiajew in Nietzsche den »Vorläufer einer neuen religiösen Anthropologie« erblickt hat[10]. Der Verfasser des »Zarathustra« hat die schöpferische Fähigkeit des Menschen wieder gespürt: »Was groß ist am Menschen, das ist, daß er eine Brücke und kein Zweck ist: was geliebt werden kann am Menschen, das ist, daß er ein Übergang und ein Untergang ist[11].«

Obschon Zarathustra für Nietzsche ein Symbol war, und zwar ein religiöses Symbol, griff er mit dessen »wunderlicher Art von Moralpredigten« ins Leere[12]. Der Übermensch ist eine die Erfahrung gänzlich überspringende Idee, die in Nietzsches Daseinskreis keine Verkörperung fand. Er sah sich genötigt, für sein in die Zukunft weisendes Ideal eine Vergangenheitsgestalt zu wählen, weil der historische Zarathustra »zuerst im Kampfe des Guten und des Bösen das eigentliche Rad im Getrieb der Dinge gesehen hat[13]«. Die Idee des Übermenschen bleibt bei Nietzsche in einer gewissen Unbestimmtheit, die immer wieder die Erinnerung an eine imposante Renaissancefigur wachruft. Unamunos Urteil trifft ins Schwarze: »Der Übermensch, von dem der arme Nietzsche träumte, der neue Mensch, das kann nur der Christ sein, der noch nicht ist, sondern erst wird[14].« Dieser Einsicht verschloß sich jedoch Nietzsche, und darum sank seine Übermenschenidee zu einem bloßen Phantasiebild herab, an dem er sich selbst berauschte und eine Art Selbstbetrug verübte. Die Übermenschenkomposition fällt unter Zarathustras eigenes Gewicht: »Ach, ich warf wohl mein Netz in ihre Meere und wollte gute Fische fangen, aber immer zog ich eines alten Gottes Kopf herauf[15].« Von einer Prägung eines neuen Menschenbildes kann trotz aller verzehrenden Sehnsucht kaum gesprochen werden, dazu hat Nietzsche Zarathustras Geheimnis selbst verplaudert: »Wie viele neue Götter sind noch möglich! Zarathustra selbst freilich ist ein alter Atheist: der glaubt weder an alte noch an neue Götter[16].« Abgestandene Ungläubigkeit hat sich stets als unschöpferisch erwiesen, sie brachte auch Nietzsche um die Verwirklichung eines hohen Menschenbildes. Bereits Overbecks kritischer Sinn nahm Nietzsches Übermenschenkult nicht ernst, weil er darin nur das Phantasiegebilde eines Desperado sah: »Nur von dem in ihm allgewaltigen Triebe zum Extrem, seinem Drang zum ›Äußersten‹ getrieben, ist er auf seine Übermenschenidee gekommen. Sie war ihm nicht ernstlich angewachsen[17].« Der Übermensch war ein Traum und eine Illusion, die sich der Spätling Nietzsche aussann, um seine Verzweiflung zu verdecken.

Schließlich propagierte Nietzsche noch als dritte Idee den Willen zur Macht. Er ist nicht mehr zur endgültigen Fassung seines letzten Werkes gekommen, es liegt nur ein gewaltiger Steinbruch vor. Nietzsche huldigte im letzten Stadium einem ausgesprochenen Kult der Macht und stellte die Maxime auf: »Was ist gut? Alles, was das Gefühl der Macht, den Willen zur Macht, die Macht selbst im Menschen erhöht. Was ist schlecht? Alles, was aus der Schwäche stammt[18].« Hemmungslos betrieb Nietzsche die »Steigerung des Machtgefühles«, berauschte sich an der Verherrlichung Napoleons und empfand Freude an »der militärischen Entwicklung Europas«[19]. Geblendet von der eigenen, fixen Idee schrieb er allen Ernstes: »Wollt ihr einen Namen für diese Welt? Eine Lösung für alle ihre Rätsel? Ein Licht auch für euch, ihr Verborgensten, Stärksten, Unerschrockensten, Mitternächtlichsten? Diese Welt ist der Wille zur Macht – und nichts außerdem![20]«

Kraft des Machtkultes gelang es Nietzsche, noch einmal die Aufmerksamkeit auf sich zu lenken. Die Macht kam dem deutschen Zeitbedürfnis am stärksten entgegen. Ein irrendes Zeitalter klammerte sich fieberhaft an diese scheinbare Stärke, um seine eigene Schwäche zu verbergen.

Nietzsche selbst entging es, daß der Wille zur Macht nicht die Möglichkeit gab, die Wahrheit zu erkennen, und er damit den Personalismus vernichtete, für den er doch sonst so stark eintrat. Merkwürdigerweise wurde er auch gar nicht gewahr, wie er mit diesem brutalen Machtgedanken seine ganze Konzeption des Dionysischen unwiederbringlich verdarb.

Über den Wert von Nietzsches Machtphilosophie gibt deren Geburtsstunde eine bestürzende Auskunft. Er selbst hat in einem Brief an die Schwester das Nähere darüber erzählt. Nietzsche befand sich als Krankenpfleger im Deutsch-Französischen Krieg von 1870/71 in einer kleinen Stadt, durch die eine Heeresstraße führte. Plötzlich vernahm er ein Brausen und Donnern – ein Reiterregiment sprengte im Galopp wie eine leuchtende Wetterwolke an ihm vorbei. Dann folgte seine geliebte Feldartillerie und zuletzt im Laufschritt eine Abteilung Infanterie. Der am Wegrand stehende Nietzsche schaute dem Vorgang fasziniert zu, und in diesem Moment fühlte er, nach eigenem Geständnis, zum ersten Male in seinem Leben, daß der stärkste und höchste Wille zum Leben nicht in einem elenden Ringen ums Dasein zum Ausdruck kommt, sondern als Wille zum Kampf, als Wille zur Macht und Übermacht. Die naiv erzählende Briefstelle ist genau besehen für Nietzsches Machtphilosophie überaus kompromittierend. Er hätte nichts Diskreditierendes schreiben können, was ihr mehr Abbruch tat, als diese vertrauliche Äußerung an die Schwester. Wie ein verdutzt zuschauender Schuljunge ließ sich der Philosoph von einem Soldatenaufmarsch imponieren, der stets an die primitivsten Instinkte der Menschen appelliert. Das Militärerlebnis war für Nietzsche verhängnisvoll, Geist und Gewissen wurden in diesem Augenblick von den Staubwolken der Straße gleichsam umnebelt. Er war benommen und übersah, daß die vorbeijagende Kavallerie, Artillerie und Infanterie lediglich ein ausstaffiertes Symptom jenes brutalen Zeitgeistes war, den er sonst ehrlich verabscheute und von dem er bei diesem Anblick einfach überrannt wurde. Der Wille zur Macht, dessen Keim damals in sein Inneres gelegt wurde und der in ihm weiter arbeitete, bis er im Nachlaß noch die letzte Gestaltung erfuhr, taugt genausoviel wie das säbelrasselnde Soldatentum aller Zeiten. Es ist nackte Gewalt, die über Leichen hinwegschreitet. Das deutsche Militär braucht nicht mehr verabscheut zu werden als irgendeine andere Militärmacht der Welt, weil sie alle unweigerlich in einem Meer von Blut und Tränen endigen. Der geistige Mensch kann sich unmöglich an irgendeiner militärischen Machtentfaltung begeistern. Sie ist vielleicht ein notwendiges, aber immer ein schreckliches Übel, in welchem jenes Tier aus dem Abgrund heraufsteigt, von dem die Apokalypse redet.

Der Wille zur Macht hängt bei Nietzsche mit seiner götzenumwerfenden Situation zusammen, die ihn zuletzt nötigte, neue Tafeln an die leere Stelle zu setzen. Die Verpflichtung spürte er beständig in sich; er schrieb an Rohde die Worte: »Wir sind in der Tat gründlich aufeinander angewiesen als drei gründliche Nihilisten: obschon ich selbst, wie Du vielleicht spürst, immer noch nicht daran zweifle, den Ausweg und das Loch zu finden, durch das man ins ›Etwas‹ kommt[21].« In seiner Ehrlichkeit tat Nietzsche immer wieder Äußerungen, die seine geheimsten Absichten bloßlegten. Ein solch verzweifelter Ausweg war der Wille zur Macht, der sicherlich überallhin führte, nur nicht in das ersehnte Etwas. Das Loch blieb ein Loch. Nietzsche konnte sich selbst aus seinem »gründlichen Nihilismus« nicht befreien. Er war hierin ein Gefangener seiner eigenen Idee. Alle noch so waghalsigen Ausbruchsversuche führten zu nichts. Dem erschütternden Suchen war letzten Endes kein Finden beschieden. Gesteht er doch im »Zarathustra«: »Dies Suchen nach meinem Heim: o Zarathustra, weißt du wohl, dies Suchen war meine Heimsuchung, es frißt mich auf. Wo ist – mein Heim? Darnach frage und suche und suchte ich, das fand ich nicht. O ewiges Überall, o ewiges Nirgendwo, o ewiges – Umsonst[22].« Das »ewige Umsonst« klingt klagend aus allen Ausführungen Nietzsches, am allerdeutlichsten aus seinem leeren Willen zur Macht, hörbar für jeden, der ihn nicht einfach kritiklos übernimmt, sondern seinen verborgenen Motiven nachgeht. Es ist im Grunde ein herzzerreißender Schrei, der sich seinem gequälten Herzen entrang. Der Verfasser vom »Willen zur Macht« fand trotz allem Ringen jene Botschaft nicht, die seine innerste Sehnsucht stillen sollte. Auch Overbeck kam zu dem schmerzlichen Urteil über seinen Freund: »Mit dem eben Ausgeführten beweist Nietzsche mindestens so viel, daß er selbst sein Zentrum nicht gefunden hat[23].« Das ist tragisch, denn an dieser Stelle blutet die geheime Wunde Nietzsches. Sie muß offen beim Namen genannt werden und darf nicht überkleistert werden. Unvoreingenommene Nietzsche-Lektüre führt zu der bedauernswerten Feststellung: »Es ist kaum zu leugnen, daß den Leser Nietzsches an entscheidenden Stellen etwas wie eine Öde überfallen kann, daß ihn das Endigen in nicht sprechenden Symbolen enttäuscht, daß ein leeres Wenden, eine leere Bewegung, ein leeres Schaffen, eine leere Zukunft das stumme, letzte Wort zu sein scheint[24].« Nietzsche ist nicht gelungen, was er wollte. Das Schicksal hat ihm die Erfüllung seines leidenschaftlichen Suchens versagt, so ungestüm er auch darnach drängte.

Mit diesem resignierten Versagen konnte sich Nietzsche weder abfinden, noch war er gewillt, es sich einzugestehen. Daraus ist die Bemühung nach einem Ersatz zu erklären, der das Loch zu überdecken vermag. Für eine kritische Betrachtung ist es jedoch eine ausgemachte Sache, daß die Ideen der ewigen Wiederkehr, des Übermenschen und des Willens zur Macht in geistiger Hinsicht nicht von entfernt jene Bedeutung besitzen, die er ihnen beilegte. Sie alle sind bloße Surrogate, mit denen er sich über sein vergebliches Suchen hinwegtäuschen wollte. Sie verhalten sich zum echten Symbol wie das im Krieg angebotene Trockeneipulver zum frischen Ei. Es sind Ersatzmittel, die man höchstens in Ermangelung eines Besseren gebraucht. Der Erfinder solcher Pseudoideen ist gewöhnlich vom Wert seines Griffes selbst überzeugt, ja er glaubt im ersten Moment sogar, in ihnen das Weltgeheimnis entdeckt zu haben. Aber nachträglich stellt sich der angebliche Stein der Weisen als eine leere Formel heraus, die zu den vielen bereits vorhandenen Hülsen noch hinzukommt. Sie beweisen nicht das, was Nietzsche meinte, und sie sind auch nicht aus seinen früheren Bemühungen organisch hervorgegangen. Kritische Prüfung wird sie alle als ausgesprochene Ersatzlösungen bewerten, die bald wieder an der eigenen Kraftlosigkeit zusammenbrechen. Nietzsches Pseudoideale dienen nur der Verdeckung der eigenen Verzweiflung. Nach Overbeck, der darüber im vertraulichen Verkehr als Freund »zu eindringliche Selbstbekenntnisse vernommen« hat, hat Nietzsche nicht an sich selbst geglaubt: »Alle Erfindungen Nietzsches sind nur seine Versuche, sich selbst zu täuschen[25].« Dazu zählte Overbeck auch Nietzsches letzten, tragischen Versuch der Selbstvergottung. Das besonnene Urteil des einzig treuen, ihm jedoch geistig nicht hörigen Freundes hat seine Richtigkeit und kann nicht umgestoßen werden.

Der Schaden von Nietzsches Ersatzlösungen besteht in der Versperrung des Blickes für die wahre Lösung. Besonders pervers ist die Verherrlichung des brutalen Machtgedankens, der eines Geistes wie Nietzsche unwürdig ist. Wirkt doch bereits die hemmungslose Machtvergötzung bei gleichzeitiger Ablehnung des Staates inkonsequent, wenn nicht sogar komisch. Nietzsches Wille zur Macht ist ein symptomatischer Ausdruck des Zeitgeistes. Mit der unbesonnenen Glorifizierung der Macht ist der einst Unzeitgemäße in Deutschland auf eine geradezu unanständige Weise zeitgemäß geworden und völlig jener machtdurstigen Atmosphäre der Gründerjahre verfallen, von der er sich sonst so stark distanziert hat. Seine rücksichtslose Machtanbetung rückt ihn in eine Reihe mit den von ihm bis dahin abgelehnten Männern wie Treitschke und Bismarck und nimmt das schwere Problem der echten Machtverwaltung gar nicht wahr. Von allen Ausführungen hat Nietzsche mit seiner blinden Machtverherrlichung am meisten Schule gemacht. Sie übte, verbunden mit seiner falsch verstandenen Moralkritik, eine verheerende Wirkung aus. Nicht nur auf geistigem Gebiet haben Wilde, Gide, Lawrence und andere seine Arbeit weitergeführt, auch in der Politik fanden sich entartete Männer, die sich auf sein Wort stürzten und das abendländische Geistesleben unheilvoll vergifteten. Eine unübersehbare Zerstörung hat er im Rechtsdenken – um nur dies eine Beispiel zu nennen – ausgelöst und schreckliche Verwüstungen auf ethischem Gebiet bewirkt. Wenn immer ein Dynamiker hemmungslos die Werte des Seins angreift, legt er eine Welt in Trümmer, und übrig bleibt nur ein Chaos. Eine grauenhafte Drachensaat ist aufgegangen, wie sie schlimmer gar nicht hätte sein können. Nietzsche hat Wind gesät und Sturm geerntet. An seinen Namen haftet sich die größte Katastrophe der ersten Hälfte des 20. Jahrhunderts, deren satanische Auswirkungen vor aller Augen offenbar liegen. Die Gesundung des Abendlandes kann nur in einer restlosen Ausscheidung dieses Bazillus bestehen.

Der Aspekt sub specie aeternitatis enthüllt hierin die Notwendigkeit, den Kampf zu führen im Interesse des wahren Nietzsche gegen einen massiv verstandenen Nietzscheanismus, der seine vergröberten Gedanken auf eine schändliche Weise anwendet. Unglücklicherweise hat Nietzsche selbst zu dieser Mißdeutung gelegentlich Anlaß gegeben. Durch seine oft spielerische Formulierung bot er Hand zu einer ihn verunstaltenden Interpretation. Viele seiner Ausführungen sind zu wenig verantwortungsbewußt ausgesprochen und stehen viel zu ungeschützt da, so daß sie leicht für fremde Zwecke geplündert werden konnten. Nietzsche wird durch den Vorschub belastet, den er dem verbrecherischen Mißbrauch indirekt geleistet hat, eine Wahrnehmung, die das Kapitel »Nietzsche und die Folgen« zu einem dermaßen schwerwiegenden Gespräch macht. Es fehlte nach dem Zusammenbruch Deutschlands nicht an Stimmen, die Nietzsche als Ahnherrn der nationalsozialistischen Bewegung bezeichneten, die auch viele Schlagworte ihm entnommen hat[26].

Doch besteht zwischen Nietzsche und dem Nietzscheanismus eine tiefe Kluft. Man braucht nur an seine leidenschaftliche Abneigung gegenüber jeglicher Form von Antisemitismus zu erinnern, die ihn mit keinem Menschen Umgang pflegen ließ, der an »dem verlogenen Rassenschwindel« Anteil hat. Mit welch grenzenloser Verachtung hat Nietzsche von der Vaterlandstölpelei gesprochen, und wie schonungslos hat er den Staat als den neuen Götzen gebrandmarkt. Nietzsche fehlte jedes nationale Pathos, er hat als erster »gut deutsch sein als sich entdeutschen« verstanden und sich bewußt als ein Europäer gefühlt, der über die engen Grenzen der Landespfähle hinausschaute. Man muß wenig von Nietzsche begriffen haben, um nicht die völlig verschiedene Denkweise zu spüren, die sein Werk grundsätzlich von der »Schund-Ideologie des Faschismus« (Thomas Mann) trennt. Es ist eine groteske Behauptung, die diesen Denker für die Untaten des Dritten Reiches verantwortlich machen will und ihn sogar – wie es von theologischer Seite eilfertig geschehen ist – auf die Liste der Kriegsverbrecher setzen wollte. Die Ansicht,

Nietzsche sei der Sündenbock für die Verbrechen der modernen Politiker, müßte auch das Johannesevangelium mit seiner ins Feuer geworfenen Rebe für die Scheußlichkeiten der mittelalterlichen Inquisition verantwortlich machen. Ernstes Denken wird einen längst verstorbenen Denker nicht für die Verschandelung zur Verantwortung ziehen wollen, die seine Pseudojünger aus anderen Motiven begangen haben. Es ist doch wahrlich ekelhaft genug, wie »sehr man Nietzsche herabgezerrt, ihn ins Vulgäre gezogen, seine Gedanken zu einem Werkzeug von Zielen gemacht hat, die ihn selber angewidert hätten«[27].

Nietzsche selbst wurde zuweilen von der bangen Vorahnung heimgesucht, daß er dereinst von lasterhaften Menschen mißbraucht werden könnte: »Und selbst dann macht mir der Gedanke Schrecken, was für Unberechtigte und gänzlich Ungeeignete sich einmal auf meine Autorität berufen werden. Aber das ist die Qual jedes großen Lehrers der Menschheit, daß er unter Umständen und Unfällen der Menschheit zum Verhängnis werden kann, so gut als zum Segen[28].« Mehr als einmal hat er gegen die Verwechslungen protestiert, denen er ausgesetzt sei, und daß er es als einen großen Dienst betrachten würde, wenn ihn jemand anderer gegen eine fatale Beschlagnahmung abgrenzen würde. Er sah plötzlich seine Lehre in Gefahr und rief voller Entsetzen: »Unkraut will Weizen heißen!« Zuletzt schleuderte er den zudringlichen Bewunderern das Fluchwort entgegen: »Diesen Menschen von heute will ich nicht Licht sein, nicht Licht heißen. Die – will ich blenden: Blitz, meine Weisheit! stich ihnen die Augen aus![29]« Nietzsche redet einmal wörtlich von den Schweinen, die in seine

Gärten einbrechen, die ihn nötigen würden, um seine Gedanken Zäune zu machen. Hätte er sie doch nur stärker gemacht! Seine Warnungen erwiesen sich als viel zu schwach, er konnte den grauenhaften Mißbrauch nicht verhindern, weil Nietzsche selbst zuletzt beinahe zum Nietzscheanismus entartete.

Es gibt in dieser verwirrten Situation nur eine Möglichkeit der Klärung, und die besteht in der scharfen Scheidung zwischen Nietzsche und Nietzscheanismus. Um den auch in Nietzsche betont vorhandenen Nietzscheanismus zu überwinden, muß man eindeutig gegen seine Ersatzlösungen Stellung beziehen. Sie dürfen weder entschuldigt noch durch den Versuch gerettet werden, ihnen wenigstens eine gute Seite abzugewinnen. Verderblich sind sie und nichts anderes. Die Verbindung mit dem wahren Nietzsche fordert gerade die Trennung vom verblendeten Nietzsche. Es gibt zweierlei Nietzsche, und man hat gegen den vordergründigen, oft allzu lärmenden Nietzsche an den hintergründigen, stillen zu appellieren.

Nietzsche ist durch die abstoßende Machtverherrlichung in eine ihm im letzten Grunde fremde Sache hineingeraten. Wie paßt die Lobpreisung des imperialistischen Machtstrebens zu jenem Nietzsche, der von der Lektüre »Hermann und Dorotheas« zu Tränen gerührt wurde und der eine tiefe Liebe zu Stifters »sanftem Gesetz« hatte. Wer Nietzsches Seele wirklich kennt, kann den hoffnungslosen Verzweiflungscharakter seiner letzten Philosophie nicht übersehen. Durch sein Werk geht ein ergreifendes Ahnen und Sehnen nach einem hohen Bildnis des Menschen, das er in neuer Größe aufzurichten begehrte und doch nicht vermochte. Nietzsche ist der Mann der Frage, aber er ist nicht der Philosoph der Antwort. Die Aufgabe der philosophischen Selbstbesinnung besteht darin, das Fragwürdige in Nietzsches Denken zu signalisieren und das in ihr enthaltene luziferische Element auszumerzen. Gilt es doch, neben dem Nietzsche der Hybris und der Selbstvergottung noch auf jenen anderen Nietzsche hinzuweisen, dessen Seele hätte singen sollen und der inmitten des selbstsicheren Fortschrittswahns von einer göttlichen Traurigkeit angehaucht war. Der religiös ringende Nietzsche ist bis jetzt fast ohne Wirkung geblieben, obwohl gerade sein geistiges Hungern und Dürsten bedeutsam ist. Auch Nietzsche muß man heute verlieren und wieder neu finden. Nicht länger darf man an jenen Nietzsche anknüpfen, der aus dem Gefühl der Verkennung ins Schreien hineingeriet und der »Magie der Extreme« huldigte. Dieser Weg führt zu nichts. Es ist an der Zeit, die unbekannten Seiten seines Werkes herauszuarbeiten und sich dem stillen Nietzsche zuzuwenden, der mit dem gottbildenden Instinkt in sich nicht fertig wurde, der nach einer verwandelten Tradition verlangte und sich für seelische Zucht und geistigen Adel einsetzte. Jener Nietzsche ist ins Auge zu fassen, der die Worte geschrieben hat: »Von zwei ganz hohen Dingen: Maß und Mitte, redet man am besten nie. Einige wenige kennen ihre Kräfte und Anzeichen aus den Mysterien-Pfaden innerer Erlebnisse und Umkehrungen: sie verehren in ihnen etwas Göttliches und scheuen das laute Wort. Alle übrigen hören kaum zu, wenn davon gesprochen wird, und wähnen, es handle sich um Langeweile und Mittelmäßigkeit[30].« Die neue Begegnung mit Nietzsche hat von der unverkennbaren Größe seiner Philosophie auszugehen und dabei mit unbestechlichem Blick jene Ausführungen abzulehnen, die in die Irre führen. Nietzsche ist eine Gestalt, die man ebensowenig vorbehaltlos bejahen als kurzerhand ablehnen darf; mit ihr muß man sich in kritischer Verehrung immer wieder neu auseinandersetzen. Nur die agonale Haltung entspricht dem echten Liebhaber Nietzsches, der dessen wahres Geisteserbe gegen alle von ihm selbst und von anderen vorgenommenen Verunstaltungen verteidigt und dabei eingedenk bleibt, daß das endgültige Bildnis Nietzsches erst noch zu erkämpfen ist.

Er ist nahe, der große Mittag

In Nietzsche war ein prophetisches Element vorhanden. Schon in seiner Kindheit hatte er einen ahnungsvollen Traum, der den Tod seines Bruders Joseph ankündigte. Die weissagende Ader wurde zu Lebzeiten Nietzsches kaum bemerkt. Einer, der sie am frühesten gesehen hat, war der von Gotteskräften bewegte Christoph Blumhardt, der bei Anlaß eines Zarathustrazitates äußerte: »Das sagt ein Mann, der für den Ungläubigsten gehalten wird in der ganzen Welt – und doch ist er fast ein Prophet[1].« Das kühne Wort des selbst prophetischen Blumhardt kommt der Bedeutung Nietzsches überraschend nahe, für den die Propheten satirische Kritiker des großen Augenblicks waren. Nietzsche war ein Prophet im Gewand des Gauklers Gottes, der sich die Maske der Gottlosigkeit vorgebunden hatte und deshalb die Menschen zunächst mehr erschreckte als erhellte. Er besaß aber einen seltenen Spürsinn für die kommenden Dinge. Nietzsches Prophetismus ist durch zahlreiche Aussagen belegt, die heute noch nicht überholt sind. Sein »Wahrsagevogel-Geist« hat das Unheilvolle der Zukunft zu einer Zeit vorausgesehen, als die Kirchen davon nicht das geringste merkten. Er war beauftragt, eine prophetische Botschaft auszurichten, und wer sie nicht sieht, hat das Wesentlichste an diesem Denker übersehen. Er gehört zu den visionären Männern seiner Zeit, dessen prophetisches Wort heute aktueller ist als je.

Während bei Anlaß der Reichsgründung ganz Deutschland in einen Jubel über die errungene Einheit ausbrach, stiegen in Nietzsche Zweifel auf, die ihn hemmten, in den allgemeinen Freudentaumel einzustimmen. Die äußere Macht des deutschen Kaiserreiches imponierte ihm vorerst gar nicht, sie wurde ihm zum Anlaß, sich von den Zeitströmungen zu distanzieren. Nicht Deutschlands Kampf, sondern Deutschlands Sieg weckten in ihm die ersten unheilvollen Ahnungen: »Nimm noch dazu, daß ich die größte Besorgnis vor der herankommenden Zukunft habe – in der ich ein verkapptes Mittelalter zu erkennen wähne... fatales, kulturwidriges Preußen, wo die Knechte und die Pfaffen wie Pilze hervorschießen und bald mit ihrem Dunst ganz Deutschland verfinstern werden[2].« Seit Beginn der siebziger Jahre zählt Nietzsche zu der Opposition des Geistes gegen das von Bismarck geführte Deutsche Reich. Der staatliche Machtzuwachs Deutschlands war mit zu erheblichen Opfern an Kultur erkauft, zumal Nietzsche Kultur und Staat schon damals als Gegensätze betrachtete. Es floß diese Beurteilung keineswegs aus einem Ressentiment gegen das deutsche Volk. Bei aller zur Schau getragenen Gegnerschaft gegen das neue Deutschland war Nietzsche doch eine deutsche Erscheinung. Er war sich bewußt, daß »die deutsche Seele Gänge und Zwischengänge in sich hat, es gibt in ihr Höhlen, Verstecke, Burgverliese; ihre Unordnung hat viel vom Reiz des Geheimnisvollen; der Deutsche versteht sich auf die Schleichwege zum Etwas[3].« Doch stand diese geheime Liebe zum deutschen Wesen im Gegensatz zum offiziellen Deutschland. Gegenüber den hohlen, phrasenhaften Gründerjahren hat sich Nietzsche nur protestierend verhalten. Bis an sein Lebensende verharrte er in diesem Protest, der bei ihm schließlich prophetischen Charakter annahm.

Seine Gegnerschaft verkündeten die »Unzeitgemäßen Betrachtungen«, von denen die erste »David Strauß, dem Bekenner und dem Schriftsteller« galt. Es ging Nietzsche nicht um die Persönlichkeit Straußens, und sofern er doch auf sie eingehen mußte, tat er dem Württemberger offenkundig unrecht. Der junge, kritische Strauß blieb unerwähnt, und Nietzsche hielt sich in seiner Abhandlung bloß an den späten Strauß, dessen Altersschrift man nur mit einem peinlichen Gefühl über den Niedergang dieses klugen Menschen lesen kann. Nietzsche nahm in seiner Kampfschrift das von sträflicher Oberflächlichkeit zeugende, freidenkerische Elaborat Straußens vor, das als ein Symptom der damaligen Geisteslage bewertet wird. »Der alte und der neue Glaube« von Strauß schien ihm ein Anzeichen für den drohenden, geistigen Niedergang Deutschlands zu sein. Sein Vaterland erkannte nicht die Gefahr, die sich in der militärischen Überlegenheit verbarg. Das preußische Zeitalter Wilhelms I. mit seinem protzigen Reichtum, seiner Vergötterung des Erfolges, den auf den Schein abgestellten Äußerlichkeiten, seinen inhaltslosen Bildungsphilistern, seiner kleinbürgerlichen Plüschsofa-Kultur, seiner stupiden Biertrinkerei, seiner »schleichenden Filzsocken-Begeisterung« und seiner beginnenden Massenherrschaft durchschaute Nietzsche mit dem Blick einer Kassandra. Die verschimmelte Tugend, die sich damals breitmachte, war in seinen Augen schlimmer als offenkundige Laster. Alles Tiefe, Echte, Innerliche,

Tragende fehlte vollständig und wurde von einem gespreizten, lärmigen, öden Wesen verdrängt, das Nietzsche nicht als bloße Kinderkrankheit der Reichsgründung verharmloste. »Im lieben, niederträchtigen Deutschland liegt jetzt die Bildung so verkommen auf den Straßen, regiert die Scheelsucht auf alles Große so schamlos und tönt der allgemeine Tumult der zum ›Glück‹ Rennenden so ohrenbetäubend, daß man einen starken Glauben, fast im Sinne des credo quia absurdum est, haben muß, um hier auf eine werdende Kultur doch noch hoffen und vor allem für dieselbe arbeiten zu können[4].« Gegen diese gefirnißte Barbarei erhob Nietzsche seine mahnende Wächterstimme. Er hat das Knistern im wurmstichigen abendländischen Gebälk mit seinem feinen Gehör schon zu einer Zeit wahrgenommen, als alles sich noch an einer oberflächlichen Fortschrittsidee berauschte. Nietzsche notierte sich damals: »Wenn jetzt ein Luther entstünde, so würde er gegen die ekelhafte Gesinnung der besitzenden Klassen sich erheben, gegen ihre Dummheit und Gedankenlosigkeit, daß sie gar nichts von der Gefahr wittern[5].«

Nietzsche sah hinter dem trügerischen Aufstieg den unweigerlich hereinbrechenden Zerfall, weshalb er begann, das 19. Jahrhundert immer negativer zu bewerten. Von der Unfruchtbarkeit der modernen Zeit überzeugte er sich von Jahr zu Jahr mehr. Bei seiner unablässigen Bemühung um die Erfassung der Zeitsituation wurde Nietzsche zu einem leidenschaftlichen Hasser des 19. Jahrhunderts, das nach seinem Dafürhalten sich eindeutig in eine Sackgasse verrannte, aus der kein Weg herausführt. Voll innerer Unruhe fragte er sich im Hinblick auf das 19. Jahrhundert:

»Ob seine starke und schwache Seite zueinander gehören? Ob es aus einem Holze geschnitzt sei?[6]« Keineswegs bekundet sich in dieser Fragestellung ein Unvermögen zum Verständnis der Neuzeit. Nietzsche hat in seinen Befürchtungen nicht eine Zeitströmung abgelehnt, die er aus eigener Erfahrung gar nicht recht kannte. Durfte er doch von sich sagen: »Den ganzen Umkreis der modernen Seele umlaufen, in jedem ihrer Winkel gesessen zu haben – mein Ehrgeiz, meine Tortur, mein Glück[7].« Sein erbitterter Kampf gegen die Moderne ist aus leidvoller Erfahrung hervorgegangen und richtet sich immer gegen einen Gegner, der auch in der eigenen Brust sitzt. Nietzsche wußte, »an dieser Modernität waren wir krank, am faulen Frieden, am feigen Kompromiß, an der ganzen tugendhaften Unsauberkeit des modernen Ja und Nein«[8]. Der moderne Geist wird bei Nietzsche nicht mehr als Fortschritt, Errungenschaft, Höhepunkt gewertet, an dem man sich unbedingt beteiligen muß. Er erscheint ihm vielmehr als eine Krankheit, die unter einer täuschenden Außenseite um sich greift, was eine der allerwichtigsten Einsichten ist. Durch die gedankenlose Bindung an die Moderne sind heute noch zahlreiche Menschen innerlich gefesselt und am Durchbruch zu ihrem wahren Wesen gehindert. Der schwächliche, unpersönliche Mensch von heute hat, nach Nietzsche, wegen der Unterwerfung unter alles Moderne seine Würde eingebüßt. Das Ziel dieses großen Unzeitgemäßen ging nicht darauf aus, mit dem vielgenannten modernen Menschen unbedingt in ein Gespräch zu kommen, wobei gewöhnlich recht wenig herausschaut, denn der Gegenwartsmensch stellt doch »einen Widerspruch der Werte dar, sitzt zwischen zwei Stühlen, sagt in einem Atem ja und nein«[9], und kommt dieser Zwiespältigkeit wegen zu keinem einheitlichen Handeln mehr.

Nietzsches Ausführungen über seine Zeit ergaben sich aus einem Leiden an ihr und nicht aus der Lust am Negieren. Er hat unter seiner Zeit gelitten, sie hat ihn unglücklich gemacht, und er hat seine Seelenqualen offen zugegeben: »Meine Freunde, wir haben es hart gehabt, als wir jung waren: wir haben an der Jugend selber gelitten wie an einer schweren Krankheit. Das macht die Zeit, in die wir geworfen sind – die Zeit eines großen inneren Verfalls und Auseinanderfallens, welche mit allen ihren Schwächen und noch mit ihrer besten Stärke dem Geiste der Jugend entgegenwirkt. Das Auseinanderfallen, also die Ungewißheit, ist dieser Zeit eigen: nichts steht auf festen Füßen und hartem Glauben an sich: man lebt für morgen, denn das Übermorgen ist zweifelhaft. Es ist alles glatt und gefährlich auf unserer Bahn, und dabei ist das Eis, das uns noch trägt, so dünn geworden: wir fühlen alle den warmen, unheimlichen Atem des Tauwindes – wo wir noch gehen, da wird bald niemand mehr gehen können[10].« Die selbstbekennenden Worte haben noch heute ihre Gültigkeit, die Situation hat sich seither nur verschlimmert und nicht gebessert, zumal das 20. Jahrhundert nur eine Verschärfung und keine Überwindung des vorangegangenen gebracht hat. Nietzsche war von dieser heillosen Zeit in seinem Innersten getroffen. Ein unheimliches, unterirdisches Donnern rollt deswegen durch alle seine Worte hindurch. Er erging sich weder in bloßen Klagen über die Auswüchse der neuen Zeit, noch blendete ihn im geringsten der äußere

Glanz. Mit überscharfem Blick sah er die gewaltigen Spannungen seines Jahrhunderts, er deutete das Morgenrot als kommendes Ungewitter und reihte sich damit unter die Menschen, die die Zeichen der Zeit richtig deuten.

Indessen enthüllte sich grauenhaft das Kommende vor Nietzsches Augen, und seine düsteren Aussprüche lassen sich nicht mehr aus seiner Herkunft von Schopenhauer erklären. Seine Befürchtungen erhoben sich zu unheimlichen, Schrecken einjagenden Visionen. Es ist unzweideutig echte Prophetie, die er jetzt verkündete: »Die Gewässer der Religion fluten ab und lassen Sümpfe oder Weiher zurück; die Nationen trennen sich wieder auf das feindseligste und begehren sich zu zerfleischen. Niemals war die Welt mehr Welt, nie ärmer an Liebe und Geist. Die gelehrten Stände sind nicht mehr Leuchttürme oder Asyle... alles dient der kommenden Barbarei, die jetzige Kunst und Wissenschaft mit inbegriffen. Der Gebildete ist zum größten Feind der Bildung abgeartet, denn er will die allgemeine Krankheit weglügen und ist den Ärzten hinderlich... Es sind gewisse Kräfte da, ungeheure Kräfte, aber wilde, ursprüngliche und ganz und gar unbarmherzige. Man sieht mit banger Erwartung auf sie hin wie in den Braukessel einer Hexenküche: es kann jeden Augenblick zucken und blitzen, schreckliche Erscheinungen anzukündigen. Seit einem Jahrhundert sind wir auf lauter fundamentale Erschütterungen vorbereitet... Wir leben die Periode der Atome, des atomischen Chaos... Jetzt wird fast alles auf Erden nur noch durch die gröbsten und bösesten Kräfte bestimmt, durch den Egoismus der Erwerbenden und die militärischen Gewaltherrscher. Der Staat...

wünscht, daß die Menschen mit ihm denselben Götzendienst treiben möchten, den sie mit der Kirche getrieben haben. Mit welchem Erfolg? Wir werden es noch erleben; jedenfalls befinden wir uns auch jetzt im eistreibenden Strom des Mittelalters; er ist aufgetaut und in gewaltige, verheerende Bewegung geraten. Scholle türmt sich auf Scholle, alle Ufer sind überschwemmt und gefährdet. Die Revolution ist gar nicht zu vermeiden[11].« Wer spürte nicht die Verwandtschaft dieser Ausführungen mit den Worten der Apokalyptiker, die zu Beginn unserer Zeitrechnung auftraten? Hier wie dort wetterleuchten die gleichen Blitze und erhellen für wenige Augenblicke die in finstere Nacht getauchte Landschaft. Sie sprechen das Unaussprechliche aus. Es sind reine Seherblicke, die im Leser eine wahre Bestürzung auslösen: Heute ist diese Weissagung erfüllt! Sie wurden in der Mitte der siebziger Jahre des vergangenen Jahrhunderts niedergeschrieben und haben in der ersten Hälfte unseres Jahrhunderts ihre grauenhafte Bestätigung erfahren. Es ist erfüllte Prophetie; Nietzsche hat den Kairos verstanden und die ganzen Ereignisse vorausgeschaut. Seine prophetische Gabe ist in diesen unheilvollen Worten mit Händen greifbar und kann gar nicht mehr ernsthaft negiert werden.

Die finsteren Dinge, die Nietzsche heraufkommen sah, verdichteten sich manchmal zu einer slawischen Melancholie, die im blauen Klang von Chopins Musik hörbar wird und die Nietzsche nicht zufällig so innig geliebt hat. »Es liegt ein Wintertag auf uns, und am hohen Gebirge wohnen wir gefährlich und in Dürftigkeit. Kurz ist jede Freude und bleich jeder Sonnenglanz, der an den weißen

Bergen zu uns herabschleicht. Da ertönt Musik, ein alter Mann dreht einen Leierkasten, die Tänzer drehen sich, es erschüttert den Wanderer, dies zu sehen: so wild, so verschlossen, so farblos, so hoffnungslos ist alles, und jetzt darin ein Ton der Freude, der gedankenlosen, lauten Freude! Aber schon schleichen die Nebel des frühen Abends, der Ton verklingt, der Schritt des Wanderers knirscht, so weit er noch sehen kann, sieht er nichts als das öde und grausame Antlitz der Natur[12].« Einzig ein Dichter vom Rang Nietzsches konnte mit so wenigen Strichen ein dermaßen schwermütiges Bild zeichnen, das man nie wieder vergißt, wenn man es einmal in seiner Seele aufgenommen hat. Es verfolgt den Leser förmlich, die ganze Trostlosigkeit der Moderne ist in einem Blickpunkt zusammengefaßt. Wie unendlich schwer wird es dem Menschen ums Herz, wenn er das Leben mit dieser wehmütigen Freude wahrnimmt, über die man nur noch weinen kann. Die Bilder aus Chagalls östlicher Heimat sind von der gleichen fragenden Melancholie erfüllt, die so wenig wie Nietzsches Ausführungen mit der beliebten Klage über die verdorbene Zeit in Verbindung gebracht werden dürfen. Es reicht dies alles viel tiefer ins Unheimliche und Unergründliche hinab, als daß man es überhaupt heilen könnte. Den Wintertag mit seinem bleichen Sonnenschein und den Leierkastenmann zu spüren ist ein metaphysisches Lebensgefühl, das jenen Menschen überfällt, der im rein Diesseitigen nicht zu Hause ist.

Nach Nietzsches Dafürhalten kann der absurde und unterhöhlte Zustand Europas nicht lange mehr andauern. Wie ein Fluß gegen das Ende seines Laufes immer breiter zu strömen beginnt, so drängt alles einem Ende zu: »Wir Europäer befinden uns im Anblick einer ungeheuren Trümmerwelt, wo einiges noch hochragt, wo vieles morsch und unheimlich dasteht, das meiste aber schon am Boden liegt, malerisch genug – wo gab es je schönere Ruinen? – überwachsen mit großem und kleinem Unkraut[13].« Nietzsche sah zunehmend schreckhaftere Gesichte, einige kriegerische Jahrhunderte nahm er wahr, die in der Geschichte nicht ihresgleichen haben, so »daß man von einem klassischen Zeitalter des Krieges reden kann«[14]. Die Gegenwart mit den zwei rasch aufeinanderfolgenden Weltkriegen hat Nietzsches Weissagungen an sich bereits erfahren, und noch ist von ihnen kein Ende abzusehen. Die Teilung der Gewalten zwischen Slawen und Angelsachsen, die Nietzsche unmißverständlich voraus verkündete, wobei Europa das Schicksal Griechenlands erleidet, ist nur eine vorübergehende Konstellation, die das zerstörende Kriegszeitalter nicht aufzuhalten vermag.

Nietzsche beurteilte die Auffassung, daß der zu seiner Zeit in Blüte stehende Liberalismus die Entwicklung in eine andere Bahn lenken werde, als ganz unhaltbar. Nach ihm »hören die liberalen Institutionen alsobald auf, liberal zu sein, sobald sie erreicht sind: es gibt später keinen ärgeren und gründlicheren Schädiger der Freiheit als liberale Institutionen«[15]. Die unliebsame Feststellung hat sich im Laufe der Geschichte nur zu oft bewahrheitet, sie verbietet, den Liberalismus als eine Patentlösung zu betrachten, eine Anschauung, zu der das Bürgertum neigt. Eine nicht minder beunruhigende Diagnose äußerte Nietzsche im Hinblick auf den Sozialismus, der »die zu Ende gedachte

Tyrannei der Geringsten und Dümmsten« ist, eine »hoffnungslose, säuerliche Sache«, dessen »herrenloses Lämmerglück« noch »mehr bedeuten könnte als ein Krankheitsanfall«[16]. Selbstverständlich ist Nietzsche mit beiden Urteilen weder dem Liberalismus noch dem Sozialismus gerecht geworden. Seine Brandmarkung des Liberalismus verkennt die geschichtliche Notwendigkeit der freiheitlichen Bewegung, die bei aller Unvollkommenheit doch nicht wenig zur Beseitigung von unwürdigen Zuständen in der Menschheit beigetragen hat. Ebensowenig hat Nietzsche die ungeheure Schwere der sozialen Not scharf genug gesehen, weil sie außerhalb seines Erlebniskreises stand. Er hat das soziale Problem viel zu leicht genommen und nicht bemerkt, daß der Sozialismus für zahllose Menschen, die durch die moderne Industrialisierung in unvorstellbares Elend geraten sind, der einzige Lichtstrahl der Hoffnung war, dank dem sie ihr Leben überhaupt ertragen konnten. Die Verkennung beider Bewegungen zeigt die Grenzen von Nietzsches politischer Sicht auf, setzt aber nicht sein Sehertum außer Kraft, wonach sowohl Liberalismus als Sozialismus ihre Versprechungen nicht einzulösen fähig sind. Das liberale und das soziale Zeitalter brachten der Menschheit nicht den erwarteten Frühlingsmorgen, sondern gingen im unübersichtlichen Chaos unter. Nietzsche hat den vollständigen Mangel an Prinzipien in der großen Politik gesehen, die deswegen die Probleme auch nicht meistert. Die Schicksalsfrage hat er in ihrem ganzen Gewicht empfunden, daß in der modernen Zeit die Erde als Ganzes verwaltet werden sollte, eine Aufgabe, die jedoch die Kraft der Menschen bei weitem übersteigt, so daß die Situation nur zu einer sich steigernden Verwirrung führen kann.

Nietzsches düstere Zeiterfassung ist nicht schlechthin dem Pessimismus gleichzusetzen. Natürlich hat er sich mit dem Pessimismus viel beschäftigt, was bei seinem anfänglich enthusiastischen Verhältnis zu Schopenhauer nicht weiter verwunderlich ist. Er besaß zweifellos einen pessimistischen Einschlag, der in seiner depressiven Veranlagung begründet war und in der von russischer Traurigkeit erfüllten Schilderung des Wintertages überstark zum Vorschein kommt. Nietzsche hatte zuweilen mit der heftigsten Anwandlung zum Selbstmord zu kämpfen, ein Ende, das gelegentlich auch Overbeck für ihn befürchtet hat[17]. Lange Zeit hat Nietzsche sich mit der Frage beschäftigt: »Ist Pessimismus notwendig das Zeichen des Niederganges, Zerfalles, des Mißratenseins, der ermüdeten und geschwächten Instinkte? – wie er es bei den Juden war, wie er es, allem Anschein nach, bei uns, den ›modernen‹ Menschen und Europäern, ist? Gibt es einen Pessimismus der Stärke? Eine intellektuelle Vorneigung für das Harte, Schauerliche, Böse, Problematische des Daseins aus Wohlsein, aus überströmender Gesundheit, aus Fülle des Daseins? Gibt es vielleicht ein Leiden an der Überfülle selbst?[18]« Die Frage kehrt bei Nietzsche immer wieder, bis er zuletzt den Pessimismus als einen Feind des Lebens signalisierte, der überwunden werden muß. Mit der Einsicht vom lebensfeindlichen Charakter des Pessimismus trennte sich Nietzsche von der Schopenhauerschen Philosophie, in der Burckhardt, Wagner, Spitteler steckengeblieben sind. Der seherische Denker erkannte die Verwandtschaft zwischen Pessimismus und Skepsis, er scheute sich nicht, von der Spinne Skepsis zu reden als der »großen Blutsaugerin«. Schließlich drang Nietzsche zu der selten erreichten Einsicht vor: »Es gibt anerkanntermaßen heute kein besseres Schlaf- und Beruhigungsmittel als Skepsis, den sanften, holden, einlullenden Mohn Skepsis[19].« Selbst bei seiner richtigen Einschätzung des Pessimismus, der Skepsis und des Agnostizismus als Ruhekissen hielt er trotzdem an der düsteren Beurteilung der Zeitsituation fest. Sie ist daher nicht einfach als Pessimismus zu qualifizieren, da sie aus tieferem Untergrund aufstieg und sich als Prophetie auswirkte. Obschon Pessimismus und Prophetie oft miteinander verwechselt werden, ist ihr Unterschied grundsätzlicher Art. Sie verhalten sich wie Zeitlichkeit und Ewigkeit zueinander.

Die prophetische Zeiterfassung Nietzsches vollzog sich auf einer metaphysischen Ebene, ungeachtet seiner verbalen Ablehnung aller Metaphysik. Nach Nietzsche hat die Leere, die dem Menschen aus dem modernen Leben entgegengähnt, ihre überirdischen Ursachen. Der Zerfall der modernen Zeit kann nicht aus ihrer Oberflächlichkeit und Spießbürgerlichkeit erklärt werden. Der Sturz der Neuzeit hat tiefere Gründe, die an die metaphysischen Grundlagen alles Daseins rühren. Er ist durch die Gottlosigkeit bedingt, die im 19. Jahrhundert wie eine Springflut die menschliche Gesellschaft überschwemmte. Den Zusammenhang des modernen Chaos mit der metaphysischen Not hat Nietzsche vor allem erfaßt, und diese Wahrnehmung gehört zu seinen wichtigsten Erkenntnissen. Nachdem ihm die Verbindung von Gottesferne und kulturellem Niedergang aufgegangen war, nahmen seine Zeitdiagnosen noch unheimlichere Formen an. Das hereinbrechende Geschehen ballte sich zu gigantischen Auswüchsen zusammen, vor Nietzsches Geist enthüllten sich übermenschliche Dimensionen, die unwillkürlich an die Apokalypse erinnern.

Ganz metaphysisch war Nietzsches Vision vom heraufsteigenden Nihilismus. Gleich der erste Abschnitt des Nachlaßwerkes »Der Wille zur Macht« ist dieser bestürzenden Schau gewidmet: »Was ich erzähle, ist die Geschichte der nächsten zwei Jahrhunderte. Ich beschreibe, was kommt, was nicht mehr anders kommen kann: die Heraufkunft des Nihilismus. Diese Geschichte kann jetzt schon erzählt werden: denn die Notwendigkeit selbst ist hier am Werk. Diese Zukunft redet schon in hundert Zeichen, dieses Schicksal kündigt sich überall, für diese Musik der Zukunft sind alle Ohren bereits gespitzt. Unsere ganze europäische Kultur bewegt sich seit langem schon mit einer Tortur der Spannung, die von Jahrzehnt zu Jahrzehnt wächst, wie auf eine Katastrophe los: unruhig, gewaltsam, überstürzt: wie ein Strom, der ans Ende will, der sich nicht mehr besinnt, der Furcht davor hat, sich zu besinnen[20].« Nach Nietzsches Weissagungen steht der Nihilismus unmittelbar vor der Türe, und seit seinen Prophezeiungen ist dieser unerbetene Gast durch offene Tore hindurchgeschritten und hat sich in den Gemächern der Christenheit häuslich niedergelassen. Er kann nicht mehr aus ihren Räumen herausgeworfen werden. Der Gegenwart hat er seinen Stempel aufgedrückt. Alles ist von nihilistischen Gedankengängen durchdrungen. Der Nihilismus bildet die Signatur der heutigen Zeit, von dem Heidegger in seiner Nietzsche-Interpretation schreibt: »Diejenigen, die sich frei davon wähnen, betreiben seine Entfaltung am gründlichsten. Es gehört zur Unheimlichkeit dieses unheimlichsten Gastes, daß er seine eigene Herkunft nicht nennen kann[21].«

Für Nietzsche war der Nihilismus, im Gegensatz zu heute, noch kein verschwommenes Schlagwort. Er hatte von ihm eine klare Vorstellung und verstand unter Nihilismus, »daß die obersten Werte sich entwerten. Es fehlt das Ziel; es fehlt die Antwort auf das Warum[22].« Der Mensch hat den Sinn seines Lebens eingebüßt, er ist von einer tödlichen Krankheit angesteckt und weiß nicht mehr, weshalb er auf dieser Welt herumläuft. Unübertrefflich kurz schildert Nietzsche seine Konsequenzen: »Seit Kopernikus rollt der Mensch aus dem Zentrum ins X[23].« Der radikale Nihilismus war für Nietzsche die zu Ende gedachte Logik der großen abendländischen Werte, die notwendige Folge von Christentum, Moral und Wahrheitsbegriff der Philosophie, die die Menschen nicht mehr echt empfinden. Es handelt sich bei der allumfassenden Krisis der Neuzeit nicht um einen singulären Vorgang, der als Zerfallserscheinung erklärt werden könnte. Der durch die Gottes-Verneinung herbeigeführte Nihilismus hat den Untergang des Abendlandes zur Folge. Europa geht innerlich zugrunde, und daraus erfolgt auch seine äußere Bedeutungslosigkeit. Nietzsche hat die Situation zuerst gesehen, und nach Jaspers hat er den Bruch bis in die letzten Konsequenzen durchdacht: »Auf diesem Weg ist kaum ein Schritt weiter zu tun möglich[24].« Wer nur ein wenig von

Nietzsches Nihilismus-Vision erfaßt hat, weiß, daß dieser Mann ein nicht mehr zu überbietendes Stadium erreicht hat. Alle Aussagen, man müsse noch über Nietzsche hinausgehen und ihn fortsetzen, sind törichtes Gerede. Nietzsche ist ein Ende.

Zu dem Nihilismus, der Nietzsche als notwendigen Durchgang begriff und der weder feiges Sichdrücken noch Nichtwahrhabenwollen zuläßt, nahm er eine eigentümliche Doppelstellung ein. Er verabscheute den Nihilismus und erkannte sich zugleich als den Mann, der ihn am stärksten herbeiführte! Aus dieser merkwürdigen Haltung ergibt sich deutlich, daß Nietzsche als ein Aufgerufener sich seine schwere Aufgabe nicht selbst erwählte, sie ward ihm vom Schicksal aufgetragen. Auffallend ist die überraschende Übereinstimmung mit Dostojewskis Sicht des Nihilismus, ohne von ihm in dieser Beziehung beeinflußt worden zu sein. Nietzsche hat zwar gegen Ende seines Lebens noch einige Werke von Dostojewskij kennengelernt. In seinen apokalyptischen Visionen aber über den kommenden Nihilismus ist er bestimmt von Dostojewskij unabhängig. Wie nachdenkenswert, daß diese beiden prophetischen Menschen in ihrer Unheilsweissagung zu den gleichen Zukunftsperspektiven gekommen sind!

Obenauers Feststellung: »Nietzsche selbst löst die Frage des Nihilismus nicht«, ist abwegig[25]. Das war bei diesem überindividuellen Geschehen vorerst gar nicht möglich. Prophetie stellt den Menschen vor Entscheidungen, aber sie legt ihm nicht fertige Lösungen vor. Nietzsches bestürzende Vision von der ausbrechenden Revolution des Nihilismus ist als Gericht eingetroffen. Eine unheimliche, innerweltliche Eschatologie liegt bei ihm vor, die sich nicht im Leeren verpuffte. Er bekam unendlich mehr recht, als er wünschte. Eine zusammenstürzende Endsituation zu ändern, steht nie in eines Menschen Macht. Das können nur unreife Jünglinge wähnen, die noch von Weltverbesserung träumen. Der Prophet schaut die hereinbrechenden Ereignisse im Geiste voraus, er deutet auch an, durch welchen Gesinnungsumschwung sie vielleicht abzuwehren sind, aber mehr zu tun ist nicht seines Amtes.

Wie ein glühender Apokalyptiker verkündet auch Nietzsche »mit Flammen-Zungen: Er kommt, er ist nahe, der große Mittag!«, an dem so vieles offenbar werden soll[26]. Man spürt förmlich, wie er ihn heraufbeschwört. Fürwahr, Nietzsches großer Mittag ist emporgestiegen, er war in seinen Worten von einer bedrängenden Nähe, und seiner Hitze vermochte niemand zu entrinnen. Während damals die urchristliche Eschatologie wenig beachtet wurde, was einer Auslöschung der Glut des Evangeliums gleichkam, ist beim gottlosen Nietzsche die Helle des großen Mittags zur greifbaren Wirklichkeit geworden. Mit geschlossenen Augen weissagte der Seher der Neuzeit: »Wehe dieser großen Stadt! Und ich wollte, ich sähe schon die Feuersäule, in der sie verbrannt wird! Denn solche Feuersäulen müssen dem großen Mittage vorangehen. Doch dies hat seine Zeit und sein eigenes Schicksal[27].« Es ist alles eingetroffen, was dieser Prophet weissagte, viel entsetzlicher, als er es sich selbst vorgestellt hat. Die Feuersäulen, denen die Städte zum Opfer fallen sollen, sie haben fürwahr gebrannt, wie sie schrecklicher nicht zum Himmel lodern konnten. In der Form von Brand-

und Schwefelbomben sind sie auf die Städte niedergegangen, ließen die Menschen in wahnsinniger Angst durch brennende Straßen rennen, um zuletzt doch in den Flammen und unter Trümmern den Tod zu finden. Nietzsches Vision vom kommenden Nihilismus war kein leeres Trugbild, zumal die Geschehnisse der letzten Jahre erst der Anfang der Erfüllung von der Weissagung des großen Mittags sind.

Wir haben ihn getötet, ihr und ich

Ein ergreifendes Ringen mit Gott zieht sich durch das ganze Leben Nietzsches. Der Kampf beginnt schon in jungen Jahren und hört bis zu seiner Umnachtung nicht auf. Wer den verborgenen Nietzsche kennenlernen will, der prophetisch Gesichte schaute und nach dem Ewigen lechzte, der muß diesem nie zur Ruhe kommenden Gotteskampf nachgehen. Er enthüllt den tieferen Untergrund seiner leidenschaftlichen Seelengeschichte und ist das Thema seiner inneren Biographie.

Nietzsche war ein frommes Kind. Einem Aufseher im Naumburger Domgymnasium erschien er wie der zwölfjährige Jesus im Tempel. Damals hatte er auch nach eigenem Zeugnis »Gott in seinem Glanz gesehen«. Um welcher Art Geschehen es sich dabei handelte, entzieht sich der Kenntnis der Nachwelt. Aber die überraschende Formulierung von Gottes Glanz deutet doch auf ein, wenn auch knabenhaftes, religiöses Erlebnis hin. Es prägte sich in seine Seele ein, er war ein religiöses Kind, was bei seiner Abstammung und Erziehung nicht weiter verwunderlich ist. Er hat die Konfirmation sehr ernst erlebt und fühlte sich dadurch in eine heilige, weltentrückte Stimmung versetzt.

Bald nach der kirchlichen Einsegnung erfolgte jedoch der Abfall vom Gottesglauben. Auch darüber ist man nicht näher unterrichtet. Schwere innere Kämpfe scheint es dabei nicht gegeben zu haben. Die Lektüre von Straußens erstem »Leben Jesu« hat bei diesem Vorkommnis eine Rolle gespielt. Der Jüngling wußte den Argumenten von Strauß nichts entgegenzustellen, und »rasch ist die Jugend mit dem Wort«. In seiner Unreife war Nietzsche mit dem Problem bald zu Ende. Immerhin bemerkte er die ernsten Konsequenzen: Wenn man Christus aufgebe, so werde man auch auf Gott verzichten müssen. Doch warf die religiöse Krisis zunächst keine tieferen Wellen, sie verlief, der damaligen Zeit entsprechend, relativ harmlos. Er bekannte sich nun zum Standpunkt des wissenschaftlichen Rationalismus und vereinfachte das Problem in ungehöriger Weise auf die Alternative: Entweder muß der Mensch glauben, oder er kann forschen. Nietzsche gestand seine veränderte Einstellung der Schwester und weigerte sich fernerhin, an der Abendmahlsfeier teilzunehmen, zu der seine häusliche Umgebung aus traditionellen Gründen ging. Auch die Preisgabe des theologischen Studiums nach dem zweiten Semester ist mit seinem jugendlichen Glaubensverlust in Beziehung zu bringen. Von den Tiefen der christlichen Theologie hat er damals »nicht eine Ahnung gewonnen« und sich auch um »ihre sublimen Gedankenbauten« nicht näher gekümmert[1].

Trotz dieser scheinbar schmerzlosen Verabschiedung des väterlichen Glaubens kam Nietzsche innerlich nicht so glatt vom Christentum los, wie er sich äußerlich den Anschein gab. Beim Verlassen des Gymnasiums hat der Zwanzigjährige Verse »dem unbekannten Gott« gedichtet, aus denen hervorgeht, daß das religiöse Problem im Gewissen des jungen Nietzsche weiterbrannte:

Noch einmal, eh' ich weiter ziehe
und meine Blicke vorwärts sende,
heb' ich vereinsamt meine Hände
zu dir empor, zu dem ich fliehe,
dem ich in tiefster Herzenstiefe
Altäre feierlich geweiht,
daß allezeit
mich deine Stimme wieder riefe.

Darauf erglüht, tief eingeschrieben,
das Wort: dem unbekannten Gotte.
Sein bin ich, ob ich in der Frevler Rotte
auch bis zur Stunde bin geblieben;
sein bin ich – und ich fühl' die Schlingen,
die mich im Kampfe darnieder ziehen
und, mag ich fliehn,
mich doch zu seinem Dienste zwingen.

Ich will dich kennen, Unbekannter,
du tief in meine Seele Greifender,
mein Leben wie ein Sturm Durchschweifender,
du Unfaßbarer, mir Verwandter!
Ich will dich kennen, selbst dir dienen.

Man darf gewiß nicht zuviel aus dem Gedicht herauslesen. Ein Abiturient hat es geschrieben, und es beschränkt sich somit auf diese Lebensphase. Ein zwanzigjähriger Mensch steht in der Regel noch auf keiner festen Grundlage und wechselt seine Überzeugungen verhältnismäßig rasch. Auch ist es ein Gedicht, das ohnehin als solches nicht gepreßt werden darf. Aber eine Wahrnehmung kann man jedenfalls daraus entnehmen: Die Gottesfrage war in seinem Leben nicht gelöst. Er befand sich in der »Frevler Rotte«, und trotzdem hatte er das Gefühl von seiner Zugehörigkeit zu Gott! Er steht noch im Banne Gottes! Der Widerspruch ist für Nietzsches Seele bezeichnend. Ungeachtet seines Abganges vom Christentum, hat Nietzsche doch keinen endgültigen Strich unter das Gottesbewußtsein gemacht. Die Unruhe bohrte in ihm weiter und war nie völlig zum Schweigen zu bringen. Das Gedicht verrät, wie es innerlich um den werdenden Nietzsche stand. Es hat bei seiner religiösen Veranlagung nicht anders sein können. Als religiöser Mensch quälte sich Nietzsche mit der Frage nach Gott, und zwar nicht nur in seiner Jugendperiode. Er hat das Problem tiefer, schmerzvoller durchgekämpft als die meisten seiner Zeitgenossen und ist damit in keiner Phase ganz fertig geworden.

In Nietzsches positivistischer Periode verflachten auch seine religiösen Aussagen. Mit Recht hat man schon gesagt, daß sie oft bloße Psychologie seien und dazu noch schlechte Psychologie des 18. Jahrhunderts, in welcher sich der Mensch etwas zurechtlegte[2]. Die Nichtbeachtung dieser Wahrnehmung hat zur atheistischen Deutung Nietzsches geführt, die sich aufs Werk »Menschliches – Allzumenschliches« stützt und behauptet: »An dem Verständnis und der Auslegung dieses Buches hängt das Verständnis Nietzsches[3].« Mit der immanenten Interpretation verbaut man sich jedoch den Zugang zu den tieferen Hintergründen Nietzsches und bleibt an der Oberfläche. Sie steht mit Nietzsches eigenem Selbstverständnis im Widerspruch.

Die atheistische Deutung übersieht, daß mit Nietzsches Widmung »für freie Geister« nicht der gewöhnliche Freigeist gemeint ist. Zum allermindesten hatte er eine neue Art Freigeisterei im Sinne, die einen »noch höheren und schwierigeren Typus erschließen will«[4]. Nietzsche hatte sich in der Bezeichnung »Freigeist« überhaupt vergriffen, wie er dies selbst im Nachlaß gesteht und deswegen später sogar bekennt, dieses Zeug nicht mehr aushalten zu können[5]. Er bezeichnete im »Antichrist« »die Freigeisterei unserer Herren Naturforscher und Physiologen« als einen nicht ernst zu nehmenden Spaß, weil ihnen »die Leidenschaft in diesen Dingen, das Leiden an ihnen« fehlt[6]. Man kann mit zahlreichen Naturwissenschaftlern über diese Probleme nicht reden, sie machen sich die religiösen Fragen unverantwortlich leicht und huldigen darin, im Unterschied zu ihren wissenschaftlichen Untersuchungen, einer naiven Plattheit, die jegliche ernsthafte Diskussion unmöglich macht. Für Nietzsche dagegen ist gerade eine wenig beachtete Leidensfähigkeit an philosophischen und religiösen Problemen charakteristisch, die er sowohl durchdachte als durchlitt und die ihn auch auf die höchsten Gipfel der Verzückung und in das schwärzeste Dunkel der Verzweiflung jagten. Er fühlte sich mit den Freidenkern, den »unverbesserlichen Flachköpfen und Hanswürsten« in einem »tieferen Zwiespalt als mit irgendwem von ihren Gegnern«[7]. Seiner seelischen Substanz nach war Nietzsche kein Freigeist, »sondern etwas Mehreres, Höheres, Größeres und Gründlich-Anderes, das nicht verkannt und verwechselt werden will«[8]. Unmißverständlich führt er in den Nachlaß-Notizen aus: »In allen Ländern Europas und ebenso in Nordamerika gibt es jetzt ›Freidenker‹: gehören sie zu uns? Nein, meine Herren: ihr wollt ungefähr das Gegenteil von dem, was in den Absichten jener Philosophen liegt, welche ich Versucher nenne; diese spüren wenig Versuchung, mit euch lügnerische Artigkeiten auszutauschen[9].« Er hat mit dieser eindeutigen Erklärung selbst das Tischtuch zwischen sich und den Freidenkern zerschnitten. Wenn er auch gelegentlich noch die gleichen Worte gebraucht, so versteht er darunter doch nicht dasselbe wie sie. Es klafft ein Abgrund zwischen Nietzsche und ihnen; der Ausfall gegen die Herren Freidenker hat alle atheistische interpretatio vulgaris zunichte gemacht. Sie reicht an die Bestürzung seiner Problematik nicht von entfernt heran.

Am unheimlichsten hat Nietzsche seinen Atheismus in dem berühmten Aphorismus »Der tolle Mensch« in der »Fröhlichen Wissenschaft« gestaltet. Ihm kommt für Nietzsches Ringen mit dem Gottesproblem grundlegende Bedeutung zu, weshalb er dem ganzen Wortlaut nach vermerkt sei: »Habt ihr nicht von jenem tollen Menschen gehört, der am hellen Vormittage eine Laterne anzündete, auf den Markt lief und unaufhörlich schrie: ›Ich suche Gott! Ich suche Gott!‹ Da dort gerade viele von denen zusammenstanden, welche nicht an Gott glaubten, so erregte er ein großes Gelächter. ›Ist er denn verlorengegangen?‹ sagte der eine. ›Hat er sich verlaufen wie ein Kind?‹ sagte der andere. ›Oder hält er sich versteckt? Fürchtet er sich vor uns? Ist er zu Schiff gegangen? Ausgewandert?‹ so schrien und lachten sie durcheinander. Der tolle Mensch sprang mitten unter sie und durchbohrte sie mit seinen

Blicken. ›Wohin ist Gott?‹ rief er, ›ich will es euch sagen! Wir haben ihn getötet – ihr und ich! Wir alle sind seine Mörder! Aber wie haben wir dies gemacht? Wie vermochten wir das Meer auszutrinken? Wer gab uns den Schwamm, um den ganzen Horizont wegzuwischen? Was taten wir, als wir diese Erde von ihrer Sonne losketteten? Wohin bewegt sie sich nun? Wohin bewegen wir uns? Fort von allen Sonnen? Stürzen wir nicht fortwährend? Und rückwärts, seitwärts, vorwärts, nach allen Seiten? Gibt es noch ein Oben und ein Unten? Irren wir nicht wie durch ein unendliches Nichts? Haucht uns nicht der leere Raum an? Ist es nicht kälter geworden? Kommt nicht immerfort die Nacht und mehr Nacht? Müssen nicht Laternen am Vormittage angezündet werden? Hören wir noch nichts von dem Lärm der Totengräber, welche Gott begraben? Riechen wir noch nichts von der göttlichen Verwesung? Auch Götter verwesen! Gott ist tot! Gott bleibt tot! Und wir haben ihn getötet! Wie trösten wir uns, die Mörder aller Mörder? Das Heiligste und Mächtigste, was die Welt bisher besaß, es ist unter unseren Messern verblutet – wer wischt dies Blut von uns ab? Mit welchem Wasser könnten wir uns reinigen? Welche Sühnfeiern, welche heiligen Spiele werden wir erfinden müssen? Ist nicht die Größe dieser Tat zu groß für uns? Müssen wir nicht selber zu Göttern werden, um nur ihrer würdig zu erscheinen? Es gab nie eine größere Tat – und wer nur immer nach uns geboren wird, gehört um dieser Tat willen in eine höhere Geschichte, als alle Geschichte bisher war!‹ Hier schwieg der tolle Mensch und sah wieder seine Zuhörer an: Auch sie schwiegen und blickten befremdet auf ihn. Endlich warf er seine Laterne auf den Boden, daß sie in Stücke sprang und erlosch. ›Ich komme zu früh‹, sagte er dann, ›ich bin noch nicht an der Zeit. Dies ungeheure Ereignis ist noch unterwegs und wandert – es ist noch nicht bis zu den Ohren der Menschen gedrungen. Blitz und Donner brauchen Zeit, das Licht der Gestirne braucht Zeit, Taten brauchen Zeit, auch nachdem sie getan sind, um gesehen und gehört zu werden. Diese Tat ist ihnen noch immer noch ferner als die fremden Gestirne – und doch haben sie dieselbe getan!‹ – Man erzählt noch, daß der tolle Mensch desselbigen Tages in verschiedene Kirchen eingedrungen sei und darin sein Requiem aeternam deo angestimmt habe. Hinausgeführt und zur Rede gesetzt, habe er immer nur dies entgegnet: ›Was sind denn diese Kirchen noch, wenn sie nicht die Grüfte und Grabmäler Gottes sind?[10]‹«

In diesen apokalyptischen Worten hat Nietzsche das größte Ereignis der Neuzeit mit einem Seherblick ohnegleichen namhaft gemacht. Es gibt kein Geschehen, das sich an elementarer Bedeutung mit der Ermordung Gottes vergleichen ließe. Die Verkündigung »Gott ist tot« trifft das Herz der Welt. Nietzsche selbst scheint ermessen zu haben, was die Tat in sich schließt. Man vergleicht Gott nicht mit dem Meere und der Sonne, wenn man keine Ahnung hat, was seine Ausschaltung bewirkt. Er hat begriffen, daß es durch den Tod Gottes Nacht in der Welt geworden ist; die »Wüste wächst«, hat Nietzsche gesagt, und er hat die eisige Kälte gespürt, die dadurch überhandgenommen hat. Der Einsturz des Oben hat das Chaos von Unten zur Folge; es öffnet sich der »Abgrund des Nichts«.

Der tolle Mensch beginnt seine Ausführungen mit dem

zweimal wiederholten Ruf: »Ich suche Gott! Ich suche Gott!« Offensichtlich ist er ein verwundeter Gottsucher, der nach Gott förmlich schreit, und zwar nicht wesentlich anders als der Psalmist: »Aus der Tiefe rufe ich zu Dir!« Ein nach Gott hungernder Mensch allein kann von der Erkenntnis »Gott ist tot« dermaßen in den Grundfesten erschüttert werden. Der von der Gottesleidenschaft getriebene Mensch hat nicht das Gefühl, Gott sei eines natürlichen Todes gestorben, er gesteht mit verzweifelter Gebärde: Wir haben ihn getötet. Es ist eine aktive Handlung, an der sich alle beteiligt haben: ihr und ich! Die Ermordung Gottes ist nicht ein Naturgeschehen. Der heutige Mensch hat Anteil daran, er ist in den Vorgang verwickelt, und dadurch kommt in den Gottestod ein nicht zu bestreitendes Schuldmoment hinein, das in Nietzsches Worten wie das Blut Abels zum Himmel schreit. Es gibt für uns Gottesmörder schlechthin keinen Trost, ein niederdrückendes Bewußtsein, das die Welt verfinstert, nicht anders wie damals bei der Kreuzigung Christi, als die Nacht über das Land fiel.

Die Botschaft des tollen Menschen hat Nietzsche bis ins Innerste erschüttert; ganz unbegreiflicherweise aber nicht seine Mitmenschen. Sie hatten für dieses furchtbarste aller Geschehnisse bis dahin kein oder höchstens nur ein dumpfes Gefühl. Jedenfalls vermochte es sie nicht aus ihrer Lethargie und Gleichgültigkeit herauszureißen. Es bedarf noch einiger Zeit, bis ihnen diese entsetzliche Neuigkeit vom Tode Gottes in ihrer unübersehbaren Tragweite zum Bewußtsein kommt, als die Wahrheit, die über das Schicksal der vergangenen und der gegenwärtigen Generation entscheidet. Nietzsches Zarathustra verwundert sich zwar einmal über den alten Heiligen, der in seinem Walde noch nichts davon gehört hat, daß Gott tot ist. Doch hat man auch nach dem Tode Buddhas noch längere Zeit seinen ungeheuerlichen, schauerlichen Schatten gezeigt. »Gott ist tot: aber so, wie die Art der Menschen ist, wird es vielleicht noch jahrtausendelang Höhlen geben, in denen man seinen Schatten zeigt. Und wir, wir müssen auch noch seinen Schatten besiegen[11]«, ruft Nietzsche aus, was ihm sowenig wie einem andern Menschen gelang, denn es ist ein unmögliches Unternehmen. Nur ganz allmählich beginnt das größte neuere Ereignis seine erste Wirkung auf Europa auszuüben. Die Menschen spüren, daß die Sonne untergegangen und die Welt älter und kälter wird. »In der Hauptsache aber darf man sagen: das Ereignis selbst ist viel zu groß, zu fern, zu abseits vom Fassungsvermögen vieler, als daß auch nur seine Kunde schon angelangt heißen dürfte[12].« Wenn endlich die Menschen das Ungeheuerliche der Nachricht »Gott ist tot« in ihrer Unermeßlichkeit verstanden haben werden, dann wird es, wie Nietzsche mit prophetischer Treffsicherheit sagte, »eine Zeitlang scheinen, als ob alles Schwergewicht aus den Dingen weg sei«[13].

Nietzsche hat wie wenige um Gott gewußt, das verrät schon die gigantische Konzeption des tollen Menschen. Wie wesensverschieden ist dieser Visionär doch von der gewöhnlichen Gleichgültigkeit der Gebildeten! Diese Indifferenten ahnen nicht einmal, daß der Name Nietzsche eine der düstersten Stationen im religiösen Leben der Menschheit ist. Wer den Tod Gottes als ein einzigartiges, unvergleichliches Geschehnis erlebt, wie es kein Theologe auch nur annähernd geschildert hat, der muß von den überzeitlichen Machten real berührt worden sein. Und es besagt gar nichts dagegen, wenn Nietzsche in ›Ecce homo‹ schreibt: »Ich kenne den Atheismus durchaus nicht als Erlebnis, noch weniger als Ereignis: er versteht sich bei mir aus Instinkt. Ich bin zu neugierig, zu fragwürdig, zu übermütig, um mir eine faustgrobe Antwort gefallen zu lassen. Gott ist eine faustgrobe Antwort, eine Undelikatesse gegen uns Denker – im Grunde sogar bloß ein faustgrobes Verbot an uns: ihr sollt nicht denken![14]« Derartige Selbsttäuschungen liebte Nietzsche; sie grenzen zwar an eine unerlaubte Renommisterei und sind nicht ernst zu nehmen, zumal die Ausführungen über das Gottsterben seine Behauptung Lügen strafen. Der angebliche Atheismus aus Instinkt gehört zum Maskenspiel, hinter dem er öfters sein wahres Gefühl verbarg. Richtig ist, daß Nietzsche eine heftige Abneigung besaß gegen den »Arme-Leute-Gott«, gegen den »Sünder-Gott«, gegen den »Kranken-Gott«, aus dessen Begriff alles Starke, Tapfere, Heroische, Stolze eliminiert worden war, bis er nur noch zu einem Stabe für Müde, einem Rettungsring für Ertrinkende wurde. Der Widerwille gegen die zudringliche Sprache der kleinen Leute ihrem Gott gegenüber ist verständlich und erwuchs gerade aus einem ehrfürchtigen Gefühl, das diese allzu dreiste Kameradschaft mit dem Höchsten nicht ertrug. Horcht man tiefer in Nietzsche hinein, so vernimmt man in ihm eine unstillbare Sehnsucht nach dem echt Göttlichen, ungeachtet aller gegenteiligen Aussagen.

Bei Nietzsche liegt – man muß diesen paradoxen Begriff trotz der Zweideutigkeit gebrauchen, weil es keinen anderen gibt – ein religiöser Atheismus vor. Er redet von Gott in der Sprache der Ablehnung, aber er redet immer wieder von ihm. Nietzsches Atheismus vollzieht den religiösen Akt in umgekehrter Richtung. Nach Jaspers ist »Nietzsches Gottlosigkeit die sich steigernde Unruhe eines sich vielleicht nicht mehr verstehenden Gottsuchers«[15]. Es war vor allem das Gefühl für Redlichkeit, das Nietzsche zum Atheismus führte, ein Bedürfnis der geistigen Sauberkeit, das ihm verbot, in einer schwammigen Situation lahmherzig von Gott zu reden, ohne zu empfinden, an welch vulkanartige Wirklichkeit man damit rührt. Darum sprach er vom »unbedingten, redlichen Atheismus, seine Luft allein atmen wir, wir geistigen Menschen dieses Zerfalles«[16] und gebrauchte den Begriff »ehrlicher Atheist, eine in Frankreich spärliche und fast kaum auffindbare Spezies«[17]. In Nietzsche lebte das deutliche Bewußtsein, eine andere Natur zu sein als die fortschrittlich gesinnten Gottesleugner, die in der Regel gleich gedankenlos sind wie die kirchlich eingestellten Gottgläubigen. »Wollten wir uns einfach mit einem älteren Ausdruck Gottlose oder Ungläubige oder auch Immoralisten nennen, wir würden uns damit noch lange nicht bezeichnet glauben«, gesteht er und begehrte auch willentlich, eine etwas andere Haltung einzunehmen[18]. Auf diese neue Einstellung aber kommt es in diesem Zusammenhang gerade an. Diesen aus Gottesgründen hervorgegangenen Atheismus und seine tieferen Ursachen gilt es zu verstehen, der seinem Wesen nach religiöser ist als die Indifferenz so vieler Namenschristen. Wenn einmal, so darf angesichts von Nietzsches Gottesverneinung das Wort Tichons aus Dostojewskijs »Dämonen« erwähnt werden: »Reiner Atheismus ist wertvoller als weltliche Gleichgültigkeit. Ein Atheist steht auf der vorletzten Stufe zum vollkommenen Glauben (ob er ihn erreicht oder nicht), der Gleichgültige jedoch hat gar keinen Glauben, nur armselige Furcht[19].«

Wie man bei zahlreichen »Kanzelraben« und »Altarkrähen« – so nannte Nietzsche die Pfarrer – den Eindruck hat, Gott sei für sie ein bloßes Wort, an das sie selbst fünf Minuten nach ihrer Predigt nicht mehr denken und das für sie gar keine Realität bedeute, so gibt es auch viele Atheisten, die in ihrer platten Freidenkerei nicht wissen, was sie sagen, und deren Aussagen nichts als sträfliche Oberflächlichkeiten sind, mit denen man sich gar nicht auseinandersetzen muß. Nietzsche dagegen versuchte, sich über die riesenhafte Tragweite seiner atheistischen Behauptungen genau Rechenschaft zu geben und ist sich der weittragenden Konsequenzen für sein persönliches Dasein ganz bewußt geworden. Er machte sich klar, welch unübersehbare Folgen daraus hervorgehen, und hat sie denn auch mit denkbar starken Worten formuliert: »Du wirst niemals mehr beten, niemals mehr anbeten, niemals mehr in endlosem Vertrauen ausruhen – du versagst es dir, vor einer letzten Weisheit, letzten Güte, letzten Macht stehen zu bleiben und deine Gedanken abzuschirren – du hast keinen fortwährenden Wächter und Freund für die sieben Einsamkeiten – du lebst ohne den Ausblick auf ein Gebirge, das Schnee auf dem Haupte und Gluten in seinem Herzen trägt – es gibt für dich keinen Vergelter, keinen Verbesserer letzter Hand mehr – es gibt keine Vernunft in dem mehr, was geschieht, keine Liebe in dem, was dir geschehen wird – deinem Herzen steht keine Ruhestatt mehr offen, wo es nur zu finden und nicht mehr zu suchen hat – du wehrst dich gegen irgendeinen letzten Frieden, du willst die ewige Wiederkehr von Krieg und Frieden: Mensch der Entsagung, in alledem willst du entsagen? Wer wird dir die Kraft dazu geben? Noch hatte niemand diese Kraft![20]« Auch Nietzsche besaß sie nicht, und niemand wird sie je besitzen, der nicht bei vollem Bewußtsein das Schicksal der Vereisung erleiden will, die ihn zum Nußknacker, zum Automaten und zum Roboter macht. Aus Nietzsches Worten spricht die Ahnung der grauenhaften Vereinsamung und der tödlichen Erstarrung, die aus einem völlig durchdachten Atheismus hervorgeht. Er kann an Dämonie nur mit dem Atheismus von Dostojewskijs Gestalten verglichen werden. Immer wieder vernimmt man aus Nietzsches Mund diese erschaudernden, metaphysischen Qualen, von denen er auch gelegentlich zu seinen vertrautesten Freunden gesprochen hat. Dieses unbeschreibliche, seelisch-geistige Leiden muß aber den echten religiösen Menschen, im Unterschied zu dem gewöhnlichen Religionsschwätzer, mit Nietzsche zuinnerst verbinden, weil er durch ähnliche Höllen hindurchgeschritten ist, nur daß er nicht, wie der Verfasser des »Zarathustra«, an Gott verblutete, sondern ihm unverdienterweise eine beseligende Bejahung geschenkt wurde. Gerade wer an Gott Unaussprechliches gelitten hat und von den Pfeilen Gottes wider alles Erwarten genesen durfte, wird über Nietzsches Verneinung Gottes nicht pharisäerhaft den Stab brechen, vielmehr sich zu einem derartigen Ungläubigen seltsam hingezogen fühlen und aus einer gemeinsamen Leidverbundenheit flüstern: »Gott hat vermutlich auch jene lieb, die mit ihm kämpfen; so hat er beispielsweise Nietzsche lieb[21].«

Damit soll Nietzsches Atheismus in keiner Weise abgeschwächt werden. Er richtet sich durchaus gegen Gott selbst und nicht nur gegen den Gottesglauben in den Menschen. Nietzsches Gottlosigkeit ist wie alle bewußte Gottesverneinung von dämonischer Leidenschaft, wie sie intensiver nicht sein könnte. Bei ihm ist es nicht bloße Gottesferne, wie bei vielen modernen Menschen, die sich der Bereitschaft zum Glauben verschließen und Gott nicht in ihr Dasein einbeziehen wollen, sondern wirklicher Atheismus, der alles dunkel macht. Doch ist Nietzsches Gottesleugnung nicht das, was ihr gewöhnlich zum Vorwurf gemacht wird: prometheischer Trotz und metaphysische Verhärtung. Zwar sind die Stellen zahlreich in Nietzsches Werk, aus denen man schließen könnte, daß seine menschliche Göttlichkeit sich durch den ewigen Gott bedroht fühlte. Bei näherem Zusehen ergibt sich jedoch, daß die Ausführungen über die prometheische Gottlosigkeit absichtlich überbetont sind und nicht seiner innersten Gesinnung entsprechen. Sein Drang, selber Gott zu sein, ist nachher entstanden; er versuchte die grauenhafte Leere auszufüllen. In seinem innersten Wesen war Nietzsches Atheismus von einem rätselhaften Heimweh nach dem Gottesglauben durchzogen, er konnte, trotz leidenschaftlicher Sehnsucht, nicht mehr glauben, obwohl er gerne möchte, weil für seine Vernunft zuviel dagegen sprach. Mit dem Schrei des tollen Menschen war für Nietzsche selbst das Problem keineswegs gelöst, wie es auf den ersten Blick scheinen mochte. Schon der kritische, auf diesem Gebiet völlig unverdächtige Overbeck hat darauf aufmerksam gemacht, daß die schauerlichen Worte »Gott ist tot« niemals das gleiche besagen wie »Gott ist nicht, das heißt: er kann nicht sein, ist nicht, wird nicht sein und ist nie gewesen«[22]. Das wäre ein übermenschlicher Atheismus, den Nietzsche nach Overbeck nicht ausgesprochen hat. Vielmehr behauptet Nietzsche, daß Gott nicht mehr geglaubt wird, daß der moderne Mensch infolgedessen zum Chaos wurde, da ihm die Grundlage allen Lebens zerbrochen ist. Aber der Streiter gegen Gott brach in die verzweifelte Klage aus: »Sie haben seitdem keinen Gott mehr geschaffen: Zwei Jahrtausende beinahe, und nicht ein einziger neuer Gott![23]« Solche Äußerungen verraten, daß Nietzsche aller Wahrscheinlichkeit nach mit der Gottesfrage nie ganz fertig geworden war, sondern von ihr verfolgt wurde wie ein gehetztes Wild. Die aufschlußreiche Bemerkung fand sich im Nachlaß: »Die Widerlegung Gottes – eigentlich ist nur der moralische Gott widerlegt[24].« Es ist der einseitig ethisch aufgefaßte, naturlose Gott der Dogmatik, gegen den Nietzsche rebellierte. An einer anderen Stelle sagt Nietzsche, daß viele neue Götter noch möglich sind und daß er nur an einen Gott glauben würde, der zu tanzen verstünde. Das klingt im ersten Moment etwas grotesk, ist aber sicher nicht komisch gemeint. Der tanzende Gott, den Nietzsche ersehnte, mußte ein dionysischer Gott sein und nicht bloß einer, der sich lediglich als »Wort Gottes« offenbarte, weil dies eine viel zu dürre und blasse Vorstellung ist, die keine wahren Kräfte vermittelt.

Nur eine verzehrende Gottesleidenschaft hätte Nietzsche Eindruck gemacht, in deren Glut alles verbrannt wäre; einer solchen feuerspeienden Gottesverkündigung aber begegnete er in seiner Zeit nicht. Gerade ein religiöser Revolutionär mußte sich gegen die spießige Auffassung des bürgerlichen Gottes auflehnen und zu einem unglücklichen Gottesverneiner werden. Denn die entsetzliche Botschaft »Gott ist tot« war für Nietzsche keine bloße theoretische Erkenntnis. Sie hatte unheimliche Folgen, indem doch durch sie alles Schwergewicht aus den Dingen entwich. Der Atheismus gebiert notwendigerweise den Nihilismus aus sich heraus. Die beiden Erscheinungen hängen miteinander eng zusammen. Die eine folgt aus der andern und läßt sich gar nicht vermeiden. Gott ist tot, das kann doch nichts anderes heißen, als die Welt, der Mensch, das Leben, alles hat seinen Sinn verloren. Unaufhaltsam senkt sich die finstere Nacht auf die Erde herab, und in ihrem Gefolge entsteht die furchtbarste Anarchie, als was sich der Nihilismus stets ausgewirkt hat.

Zur Rettung aus dieser bestürzenden Katastrophe hat sich Nietzsche in die Selbstvergottung hineingeflüchtet. Er hat sein Geheimnis einer verschwiegenen Schilderung anvertraut: »Es gibt einen See, der es sich eines Tages versagte, abzufließen, und einen Damm dort aufwarf, wo er bisher abfloß: seitdem steigt dieser See immer höher. Vielleicht wird gerade jene Entsagung uns auch die Kraft verleihen, mit der die Entsagung selber ertragen werden kann; vielleicht wird der Mensch von da an immer höher steigen, wo er nicht mehr in einen Gott ausfließt[25].« Dichterisch schön wie eine alte Ballade ist Nietzsches heimlicher See, in dessen tiefen Wassern sich seine herrliche Seele spiegelt. Mit atembeklemmender Spannung verfolgt man sein Steigen: Gelingt es ihm oder gelingt es nicht? Zweimal hat Nietzsche seinen Versuch in das Wort »vielleicht« gekleidet. Ein drittes Mal wagte er es offenkundig nicht, denn unmöglich konnte ihm die trügerische Hoffnung entgehen, die mit seinem Bild von dem gestauten See verbunden war. Das titanische Unternehmen durch die Absage an Gott, die eigene Göttlichkeit zu steigern, brach auch Nietzsche zuletzt entzwei und lieferte ihn der Umnachtung aus!

Dionysos gegen den Gekreuzigten

Nietzsches Vater schloß seine Taufrede mit den Worten: »Der gesegnete Monat Oktober, in welchem mir in den verschiedenen Jahren alle die wichtigsten Ereignisse meines Lebens geschehen sind, das, was ich heute erlebe, ist doch das Größte, das Herrlichste, mein Kindlein soll ich taufen! O seliger Augenblick, o köstliche Feier, o unaussprechlich heiliges Werk, sei mir gesegnet im Namen des Herrn! Mit dem tief bewegtesten Herzen spreche ich es aus: so bringt mir denn dies, mein liebes Kind, daß ich es dem Herrn weihe[1].« Da Nietzsche zeitlebens mit beinahe schwärmerischer Liebe von seinem verstorbenen, nie gekannten Vater sprach, an dessen Seite er auch in Röcken begraben wurde, können ihn diese Worte, als er sie später kennenlernte, nicht gleichgültig gelassen haben. Sie gehören als Überschrift an den Torbogen, der zum Eingang von Nietzsches Auseinandersetzung mit dem Christentum führt. Die pathetische Rede des Vaters ist der Auftakt zu dem, was dereinst aus diesem dem Herrn geweihten Kindlein werden sollte.

Nietzsche trennte sich in jungen Jahren vom Christentum. Die Ablösung vollzog sich nicht gerade eruptiv und nahm keinen allzu breiten Raum ein. »Heißt Christentum ›Glaube an ein geschichtliches Ereignis oder an eine geschichtliche Person‹, so habe ich mit diesem Christentum nichts zu tun. Heißt es aber kurz Erlösungsbedürftigkeit, so kann ich es höchst schätzen[2].« Wie man sieht, schrieb Nietzsche durchaus respektvoll über das Christentum, und dies zu einem Zeitpunkt, da er in den Entwicklungsjahren war und eben vom Theologie- zum Philologiestudium übergetreten war. In Nietzsches ersten Schriften fehlen alle antichristlichen Äußerungen. Die »Geburt der Tragödie« schweigt sich über das Christentum aus, und in der dritten »Unzeitgemäßen Betrachtung« findet sich der Passus: »Das Christentum ist gewiß eine der reinsten Offenbarungen jenes Dranges nach Kultur und gerade nach der immer erneuten Erzeugung des Heiligen; da es aber hundertfältig benutzt wurde, um die Mühlen der staatlichen Gewalten zu treiben, ist es allmählich bis in das Mark hinein krank geworden, verheuchelt und verlogen, bis zum Widerspruch von seinem ursprünglichen Ziel abgeartet[3].« Noch im »Menschlichen – Allzumenschlichen« schreibt er: »Ein ganz frommer Mensch muß uns ein Gegenstand der Verehrung sein[4]« und wirft später einmal die Frage auf: »Wer hat denn gegen fromme, glaubensstarke Menschen eine Abneigung? Umgekehrt sehen wir sie nicht mit stiller Hochachtung an und freuen uns ihrer mit einem gründlichen Bedauern, daß diese trefflichen Menschen nicht mit uns zusammen empfinden[5].«

Jedenfalls kann Nietzsches Gegnerschaft gegen das Christentum nicht aus seiner religiösen Jugenderziehung erklärt werden, wie dies oft geschehen ist. Der Einfluß der Familie und das Hineinschwatzen einiger frommer Tanten in seine Erziehung war nicht schwerwiegender Art[6]. Die kleinbürgerliche Religiosität seiner häuslichen Umgebung war von geringer Einwirkung auf Nietzsche. Was sollte er tatsächlich mit einem Christentum »anfangen, wenn Pietisten und andere Kühe aus dem Schwabenland den armseligen Alltag und Stubenrauch ihres Daseins mit dem ›Finger Gottes‹ zu einem Wunder von ›Gnade‹, von Vorsehung, von Heilserfahrung zurechtmachen!... Mit einem noch so kleinen Maß von Frömmigkeit im Leibe sollte uns ein Gott, der uns zur rechten Zeit vom Schnupfen kuriert oder der uns in einem Augenblick in die Kutsche steigen läßt, wo gerade ein großer Regen losbricht, ein so absurder Gott sein, daß man ihn abschaffen müßte, selbst wenn er existierte. Ein Gott als Dienstbote, als Briefträger, als Kalendermann« war für Nietzsche eine unerträgliche Vorstellung[7]. Doch hatte Nietzsche unter übertriebenen Frömmigkeitsvorstellungen nicht zu leiden, da im Hause seiner Mutter keine ausgesprochen pietistische Luft wehte. Es war mehr die konventionelle Kirchlichkeit der bürgerlichen Kreise, die niemals ausreicht, um Nietzsches Einstellung aus einem Ressentiment zu erklären.

Vielmehr ist seine Kampfeinstellung gegen das Christentum sachlich begründet. Dem dionysischen Lebensgefühl, das Nietzsche zum Siege führen wollte, stand als mächtiger Gegner das Christentum gegenüber. Das Dionysische konnte in der versackenden Neuzeit nicht zum Durchbruch gelangen, ohne daß die christliche Religion auf die Seite geräumt wurde. Nietzsche begnügte sich nicht mit der merkwürdig viel gerühmten Halbheit Jakob Burckhardts, der mit dem christlichen Glauben nichts mehr anzufangen wußte, aber das daraus hervorgewachsene christliche Ethos beibehalten wollte – was auf das Dasein von Schnittblumen hinauslief, die wegen fehlender

Verwurzelung bald verdorren. Nach Nietzsches Intention sollte die dionysische Lebenshaltung die christliche Botschaft ersetzen. Dionysos als Sinnbild des aufsteigenden Lebens vertrug sich mit dem Gekreuzigten nicht, den Nietzsche als Symbol für das absteigende Leben empfand. Nietzsche wurde deshalb mit immanenter Notwendigkeit zu der Parole gedrängt: »Dionysos gegen den Gekreuzigten[8].« Diese Losung enthält das große Problem, um das Nietzsche kreiste. Unter diesen Gesichtspunkt fällt die tragische Auseinandersetzung mit dem Christentum. Je älter er wurde, um so deutlicher wurde Dionysos für ihn zum Pseudonym des Antichristlichen. Keineswegs entsprang dieser Kampf gegen das Christentum einer leichtfertigen Laune; ein tiefes innerstes Gefühl war der Antrieb. Nietzsches Stoß richtet sich nicht nur gegen ein entartetes Alltagschristentum, er zielt durchaus auf das Christentum an sich, und zwar mit einer Schärfe, die alle modernen Argumente vorwegnimmt. Der Kampf Dionysos' gegen den Gekreuzigten ist der Kulminationspunkt in Nietzsches Leben. Es ist ein absoluter Zweikampf, bei dem Nietzsche immer von neuem ansetzt und mit seinem Gegner bis zur Erschöpfung ringt.

Nach Nietzsches Empfinden kann man sich mit dem Christentum gemäß »dem gegenwärtigen Stande der Erkenntnis schlechterdings nicht mehr einlassen, ohne sein intellektuelles Gewissen heillos zu beschmutzen«[9]. Er erachtete nun die Zeit für gekommen, in der »das Christentum sehr bald für die kritische Historie, das heißt für die Sektion reif ist«[10]. Nicht aus Negationslust hat Nietzsche »das abgestandene Christentum«[11] angegriffen und dann nach einer neuen Geistigkeit Ausschau gehalten, als er sich vor einem Trümmerfeld sah. Dionysos stand zuerst vor seiner Seele, und erst darnach empfand er die sachliche Notwendigkeit einer Beseitigung des Christentums. Um diese ging es ihm und nicht um ein Rachenehmen an der Frömmigkeit seiner Tanten. Zudem hat Nietzsche den christlichen Gegner oft in wütendem Ton geschmäht, ihn aber inmitten aller zornigen Worte auch wieder anerkannt. Er verkleinerte seinen Feind nicht, wie es im polemischen Kampf in der Regel geschieht. Nietzsche hatte die innere Vornehmheit, die Größe des Christentums vorbehaltlos anzuerkennen. Die Bejahung in aller Verneinung nimmt jedoch seinem rasenden Versuch, das Christentum niederzuringen, keineswegs den bitteren Ernst. Man sieht daraus, daß er nicht nur siegreich vordrang, sondern manchmal zurückweichen mußte, daß der Kampf unablässig hin und her wogte und es eine überaus lebendige Auseinandersetzung war.

Man verspürt die innere Zwiespältigkeit gleich bei seinen Ausführungen über die Bibel. Nietzsche war ehrlich aufgebracht über die »unverschämte Willkürlichkeit der Auslegung«, deren sich die Christen in ihrer Beschäftigung mit der Bibel schuldig gemacht hatten. »Mitten zwischen Ingrimm und Lachen« fragte er sich: »Ist es möglich? Ist dies christlich? Ist es auch nur anständig?[12]« Er fühlte sich heftig abgestoßen von der Unredlichkeit, mit der die Bibel auf den christlichen Kanzeln traktiert wird und von der plumpen Art der Prediger, die den Vorteil ausbeuten, da ihnen an dieser Stätte niemand ins Wort fallen darf. Obschon Nietzsche die Bibelkritik als »gelehrten

Müßiggang« bewertete, empörte sich doch das philologische Gewissen in ihm, »wie hier die Bibel gezwickt und gezwackt und die Kunst des Schlechtlesens dem Volk in aller Form beigebracht wird«, besonders noch über das »unerhörte Possenspiel«, das »Alte Testament den Juden unter dem Leibe wegzuziehen, mit der Behauptung, es enthalte nichts als christliche Lehren[13].« Wer wollte im Ernst bestreiten, daß Nietzsche mit seinen Ausführungen über die biblische Exegese deren schwachen Punkt getroffen hat und eine im argen liegende Angelegenheit zur Sprache brachte, die wirklich dem historischen Christentum nicht zur Ehre gereicht.

Nietzsches Angriff galt jedoch der Bibel selbst und nicht ihrer zweideutigen Auslegung. Er zählt das Neue Testament zu der »großen Literatur der Verleumdung des Lebens« und bezeichnet es als »das beste Verführungsbuch«[14]. Nach ihm ist es eine Probe dafür, ob man klassischen Geschmack im Leibe hat, wie man zum Neuen Testament steht; »wer davon nicht revoltiert ist, wer dabei nicht ehrlich und gründlich etwas von facta superstitio empfindet, etwas, wovon man die Hand zurückzieht, wie um nicht sich zu beschmutzen: der weiß nicht, was klassisch ist«[15]. Nietzsche findet im Neuen Testament »lauter kleine Sektenwirtschaft, lauter Rokoko der Seele, lauter Verschnörkeltes, Winkliges, Wunderliches, lauter Konventikelluft, nicht zu vergessen einen gelegentlichen Hauch bukolischer Süßlichkeit«[16]. Im Innersten war er über »die zügellose Frechheit des Mitredenwollens Unberufener über die großen Probleme« aufgebracht, und voll Antipathie schreibt er: »Die unverschämte Leichtfertigkeit, mit der hier von den unzugänglichsten Problemen – Leben, Welt, Gott, Zweck des Lebens – geredet wird, wie als ob sie keine Probleme wären, sondern einfach Sachen, die diese kleinen Mucker wissen[17].« Das Wort »Geist« ist nach Nietzsche im Neuen Testament »ein Mißverständnis«[18], und in seinem Übereifer behauptet er, vergebens auch nur nach einem sympathischen Zug ausgespäht zu haben, »nichts ist darin, was frei, gütig, offenherzig, rechtschaffen wäre. Die Menschlichkeit hat hier noch nicht ihren ersten Anfang gemacht – die Instinkte der Reinlichkeit fehlen ... Es gibt nur schlechte Instinkte im Neuen Testament[19].« Besonders verdächtig waren ihm die Evangelien, die »genau dieselben physiologischen Typen vorführen, welche die Romane Dostojewskijs schildern«[20]. Nietzsche redet von »jener seltsamen und kranken Welt, in die uns die Evangelien einführen, eine Welt, wie aus einem russischen Roman, in der sich Auswurf der Gesellschaft, Nervenleiden und kindliches Idiotentum ein Stelldichein zu geben scheinen«[21]. Darum kann man sie nach Nietzsche »nicht behutsam genug lesen«, weil sie »ihre Schwierigkeiten hinter jedem Wort haben«, genau wie die Geschichten von Heiligen die zweideutigste Literatur sind, auf die die wissenschaftliche Methode gar nicht angewandt werden kann[22].

Mitten in den maßlosen Schmähungen über das größte Buch der Welt erfährt Nietzsche unerwartet einen empfindlichen Rückschlag, und seine geringschätzigen Ausführungen kehren sich ins Gegenteil um. Nietzsche setzt sich plötzlich für die prachtvolle Erkenntnis ein, daß das Neue Testament einer Welt der Symbole angehört. Er entbehrte nicht des Auges für das wirkliche, religiöse Symbol, wie schon behauptet wurde, weswegen er den ersten Jüngern vor allem den Vorwurf machte, daß sie »ein ganz in Symbolen und Unfaßlichkeiten schwimmendes Sein erst in die eigene Crudität übersetzten, um überhaupt etwas davon zu verstehen«[23]. Immerhin nahmen die großen Symbolisten des Neuen Testamentes nach Nietzsche nur die »inneren Realitäten als Realitäten«, während die Kirche mit ihren Erklärungen sich eines »welthistorischen Zynismus in der Verhöhnung des Symbols« schuldig gemacht hat[24]. Und nun folgt Nietzsches überraschende Deutung, nach der es doch »auf der Hand liegt, was mit dem Zeichen ›Vater‹, ›Sohn‹ angerührt wird – nicht auf jeder Hand, ich gebe es zu: mit dem Wort ›Sohn‹ ist der Eintritt in das Gesamt-Verklärungsgefühl aller Dinge (die Seligkeit) ausgedrückt, mit dem Wort ›Vater‹ dieses Gefühl selbst, das Ewigkeits-, das Vollendungs-Gefühl«[25]. Dieser völlig unerwartete Blitz des Geistes erhellt die neutestamentliche Landschaft für einen Augenblick viel stärker, denn zahlreiche theologische Erklärungen es vermöchten. Nietzsches Symbolschau zum voraus abzulehnen wäre verfehlt, es lohnt sich, das Neue Testament einmal von dieser neuen Deutung mit ihrem phosphoreszierenden Leuchten aus zu betrachten. Ihr gegenüber erscheint dem Verfasser des »Antichristen« die ganze Geschichte des Christentums mit Recht als »die Geschichte des schrittweisen, immer gröberen Mißverstehens eines ursprünglichen Symbolismus«[26]. Nietzsche ist mit dieser ungewöhnlichen Einsicht wenigstens für einen Moment ganz in die Nähe des Neuen Testaments vorgedrungen, was nicht von vielen Bibelerklärungen gesagt werden kann. Wer kein Verständnis für die Welt der Symbole hat, wird die Evangelien nie richtig verstehen. Die innere Aufnahme ist an die Voraussetzung eines tiefgehenden Zeichenverständnisses gebunden. Da aber dem Gegenwartsmenschen der Sinn für die Welt der Symbole verlorengegangen ist und er auf diesem Gebiet größtenteils erblindete, besitzt er kaum mehr einen Zugang zum neutestamentlichen Dasein und ersetzt diesen Mangel entweder durch eine kritische oder eine erbauliche Auslegung, die beide gleicherweise nur in verschiedener Richtung vom Ziele wegführen. Erst wenige Menschen befinden sich zur gegenwärtigen Stunde bereits wieder auf dem Weg zu einem neuen Verständnis des Symbols, da nach Nietzsche »Formen sprengen nur eine neue Symbolik zur Herrschaft zu bringen bedeutet«[27].

Aus der Anerkennung der symbolischen Welterfassung erklärt sich die Wertschätzung, die Nietzsche gegen seinen Willen der Heiligen Schrift zu bezeugen genötigt war. »Das Meisterstück der deutschen Prosa ist deshalb billigerweise das Meisterstück ihres größten Predigers: die Bibel war bisher das beste deutsche Buch. Gegen Luthers Bibel gehalten, ist fast alles übrige nur ›Literatur‹[28].« Namentlich dem Alten Testament erteilt Nietzsche ein Lob, das von Liebe diktiert war. Er entsetzt sich nicht wie allzu zartbesaitete Gemüter über seine gelegentlichen Auswüchse, sondern hatte einen Blick für dessen überwältigende Größe: »Im jüdischen Alten Testament, dem Buch von der göttlichen Gerechtigkeit, gibt es Menschen, Dinge und Reden in einem so großen Stile, daß das griechische und indische Schrifttum ihm nichts zur Seite zu stellen hat. Man steht mit Schrecken und Ehrfurcht vor diesen ungeheuren Überbleibseln dessen, was der Mensch einstmals war… der Geschmack am Alten Testament ist ein Prüfstein in Hinsicht auf ›Groß‹ und ›Klein‹[29].« Nietzsche kann das Alte Testament nicht genug lobpreisen; seine Worte lenken in die Blickrichtung der altisraelitischen Betrachtungsweise. Über die Bücher des Alten Bundes ist wenig Zutreffenderes gesagt worden, als es Nietzsche geschrieben hat. Voller Entzücken ruft er aus: »Alle Achtung vor dem Alten Testament! In ihm finde ich große Menschen, eine heroische Landschaft und etwas vom Allerseltensten auf Erden, der unvergleichlichen Naivität des starken Herzens; mehr noch, ich finde ein Volk[30].« Dies eine Urteil wiegt doch das ganze törichte Gerede über das »Judenbuch« auf, das der Antisemitismus in Umlauf gesetzt hat.

Doch Nietzsche besann sich wieder auf seine Absicht, das Christentum niederzuringen, und er ließ sich in eine Auseinandersetzung mit Jesus ein, der die innerste Zitadelle der christlichen Festung ist. Die Gestalt Jesu steht im Mittelpunkt des Christentums, und jeder Angriff, der darauf ausgeht, das Evangelium wirklich zu vernichten, muß die Person Jesu treffen. Solange ihr ausgewichen wird oder sie unangetastet bleibt, ist die eigentliche Burg gar nicht berührt, und alles spielt sich im Vorfeld ab; denn das Christentum erhält seine Kraft von der Gestalt Christi und nicht aus der bejammernswerten Geschichte seiner Anhänger. Wenn man von dieser Überlegung aus den Kampf des Dionysos gegen den Gekreuzigten ansieht, erlebt man eine seltsame Überraschung. Wohl wagt Nietzsche gelegentlich eine scharfe Kritik. Er bezeichnet in seinen Briefen »den Stifter des Christentums in mancher Hinsicht als oberflächlich«[31], eine snobistische Äußerung, die seiner Kampfweise unwürdig ist. Tiefer reicht seine Absicht, ihn als Ketzer und Revolutionär darzustellen, der zu früh starb. »Er selber hätte seine Lehre widerrufen, wäre er bis zu meinem Alter gekommen! Edel genug war er zum Widerrufen«[32], ein gönnerhaftes Urteil, das immer noch einen falschen Ton in der Kehle verrät. Berechtigter ist seine Attacke, nach der »dieser heilige Anarchist, der das niedere Volk, die Ausgestoßenen und Sünder, die Tschandala innerhalb des Judentums, zum Widerspruch gegen die herrschende Ordnung aufrief – mit einer Sprache, falls den Evangelien zu trauen wäre, die auch heute noch nach Sibirien führen würde, war ein politischer Verbrecher, soweit politische Verbrecher in einer absurd-unpolitischen Gemeinschaft möglich waren. Dies brachte ihn ans Kreuz; der Beweis ist die Aufschrift des Kreuzes. Er starb für seine Schuld, es fehlt jeder Grund dafür, so oft es auch behauptet worden ist, daß er für die Schuld anderer starb[33].« Was Nietzsche an Jesus nicht liebte, ist, daß er »den kleinen Leuten so viel in den Kopf gesetzt hat«[34]. Scharf lehnte Nietzsche jeden Versuch ab, auf Jesus die unpassenden Begriffe »Genie« oder »Held« anzuwenden, weil Jesus, nach den Schriften Tolstojs – jedes Sich-im-Kampfe-Fühlen und jedes Sichwehren abblehnt, wie dies aus dem Wort »widerstehe nicht dem Bösen« hervorgeht, das nach Nietzsche »das tiefste Wort der Evangelien, ihr Schlüssel in gewissem Sinne« ist[35]. Nietzsche geriet in diesem geistigen Handgemenge in die Nähe Jesu, so daß er ihm wenigstens einen Moment Aug' in Auge gegenübersteht. Wem die Wehrlosigkeit Jesu aufgeht, der redet nicht vollständig an der Gestalt Jesu vorbei. Wohl als erster Deutscher erkennt Nietzsche die Verwandtschaft von Jesu Haltung mit derjenigen der religiösen Russen und bedauert, »daß nicht ein Dostojewskij in der Nähe dieser interessanten Dekadenz gelebt hat«[36]. Er bezeichnet Jesus sogar einmal als Idioten im Sinne Myschkins und sah in ihm eine Gestalt, die unbetroffen durch die Welt hindurchging[37]; offenbar sind dies Blickpunkte, die mit der wirklichen Gestalt Jesu etwas zu tun haben.

Man wird es der Berührung mit dem Kraftfeld Jesu zuzuschreiben haben, daß Nietzsche wiederum mitten in seinem Kampf plötzlich seine Argumentation radikal umdreht und Christus gleichsam aus der Geschichte herausnimmt, womit diese Gestalt einen ganz singulären Platz erhält. Nietzsche wagte »den ernsthaftesten Versuch einer menschlichen Charakterisierung Jesu«, über den der kritische Overbeck geurteilt hat: »Alle bisherigen Versuche, eine menschliche Figur aus ihm zu machen, erscheinen lächerlich abstrakt und nur als Illustration zu einer rationalistischen Dogmatik neben der Leistung Nietzsches und die Art, wie dabei aus dem Originellen der Person auch das Menschliche der Person hervorspringt[38].« Bei allen bitteren Urteilen gelangt Nietzsche zu einem viel tieferen Jesusbild, als es die damalige liberale Theologie vertrat, die aus ihm einfach einen jüdischen Rabbi machte. Nach Nietzsche haben die ersten Christen »offenbar gerade die Hauptsache nicht verstanden, das Vorbildliche, in dieser Art zu sterben, die Freiheit und Überlegenheit über jedes Gefühl von Ressentiment«[39]. Daher war Jesus der einzige Christ – das Wort Christentum ist ein Mißverständnis – »im Grunde gab es nur einen Christen, und der starb am Kreuz«[40]. Als Nietzsche nach dem psychologischen Typus des Erlösers fragte, kam es ihm vor allem darauf an, Christus in den Gegensatz zur Kirche zu stellen, die das ursprüngliche Bild übermalt hat. Jesus war rein nach innen gerichtet und verneinte all das, was heute christlich heißt. Nietzsche findet bei Christus alles echt, ohne Falschheit, und wittert mit feinem Spürsinn einen Bundesgenossen im Kampfe gegen die Moral; auch Christus befand sich »jenseits von Gut und Böse«. Jesus nahm Partei gegen die Richtenden und sagte offen: »Was geht uns Söhne Gottes die Moral an!?« »Jesus von Nazareth liebte die Bösen, aber nicht die Guten; der Anblick von deren moralischer Entrüstung brachte selbst ihn zum Fluchen. Überall, wo gerichtet wurde, nahm er Partei gegen die Richtenden: er wollte der Vernichter der Moral sein[41].« Nach Nietzsche zeigt Jesus, »wie man leben muß, um sich als ›vergöttlicht‹ zu fühlen, ›es liegt nichts an Sünde‹ ist sein Hauptturteil«[42]. Der erste Teil des Satzes trifft ein wesentliches Anliegen Jesu, das viel zu wenig beachtet wird und doch gerade das Lichtvolle des Herrn zum Aufleuchten bringt. Es war die christliche Welterschütterung, wie sie von der Erscheinung Christi ausging, von der Nietzsche mit dieser Einsicht Zeugnis ablegte. Jesus verwirklichte einen neuen Wandel und nicht einen neuen Glauben. Selbst im Nachlaßwerk »Der Wille zur Macht« macht Nietzsches sonst keine Grenze kennende Kritik plötzlich vor der Persönlichkeit Jesu halt und schreibt das einzigartige Bekenntnis nieder: »Christus am Kreuz ist das erhabenste Symbol – immer noch[43].« Hat sich wohl der »Antichrist« genügend Rechenschaft darüber gegeben, daß er mit diesem einen Satz seinen ganzen Kampf gegen das Christentum ins Unrecht versetzte?

Im Unterschied zu der verneinend-bejahenden Haltung gegenüber Jesu, bekämpft Nietzsche mit dem stärksten Ingrimm Paulus, den er leidenschaftlich haßte. Er schreibt von der Falschmünzerei des Christentums, »für die man jenen unheilvollen Querkopf Paulus verantwortlich machen muß«[44]. Paulus war für Nietzsche eine »der ehrgeizigsten und aufdringlichsten Seelen«, ein »verschlagener Kopf«, ein »sehr gequälter, sehr bemitleidenswerter, sehr unangenehmer und sich selber unangenehmer Mensch«, der »anderthalb Jahrtausende keinen wirklichen Leser fand, sonst hätte man dies längst gemerkt«[45]. Man hat Nietzsche mehrfach vorgeworfen, daß er den widerlichen »Geruch der paulinischen Hysterie nicht aus den Nüstern brachte« und ihn irrtümlicherweise mit dem Christentum identifizierte. »In Paulus verkörpert sich der Gegensatz-Typus zum frohen Botschafter, das Genie des Hasses, in der Vision des Hasses, in der unerbittlichen Logik des Hasses[46].« Neu war diese leidenschaftliche Paulus-Ablehnung freilich nicht, denkt man an Fichte und Lagarde, und sie wird dem Apostel nicht von entfernt gerecht, aus dessen Feder immerhin auch der Hymnus auf die Liebe stammt.

Bei der scharfen Ablehnung des Paulus war es nur folgerichtig, daß Nietzsche auch all das verneinte, was sich auf die Apostel gründete. Daß sich »das in Heuchelei und

Halbheiten verkommende Christentum zum Schutze gegen das Volk, als Befestigung jener Gesellschaft und ihres Besitzes gebrauchen ließ«, flößte Nietzsche nur Verachtung ein[47]. Die Kirche war für ihn vollends das, »wogegen Jesus gepredigt hat und wogegen er seine Jünger kämpfen lehrte«[48]. Die Bewegung Jesu kann nicht anders als ein »Aufstand gegen die jüdische Kirche« aufgefaßt werden, aber die Christenheit will das nicht wahrhaben[49]. Mit unheimlich klarer Sicht sagte Nietzsche, »sobald eine Religion herrscht, hat sie alle die zu ihrem Gegner, welche ihre ersten Jünger gewesen waren«[50]. Aus diesem historischen Gesetz kann nur Verwirrung hervorgehen, und der Verfasser des »Antichrist« überschüttet denn auch die Kirche mit Hohn und Spott, lästert sie als »süß duftende Höhle«, in der »verfälschtes Licht« und »verdumpfte Luft« herrscht[51]. »Kirche? Was ist denn das?« wurde Zarathustra gefragt, und er antwortete darauf: »Das ist eine Art von Staat, und zwar die verlogenste[52].« »Als Kirche summiert sich endlich die kranke Barbarei selbst zur Macht, die Kirche, diese Todfeindschaftsform zu jeder Rechtschaffenheit, zu jeder Höhe der Seele, zu jeder Zucht des Geistes, zu jeder freimütigen und geistigen Menschlichkeit[53].« Natürlich hat Nietzsche bei der unbändigen Beschimpfung nicht das Corpus Christi mysticum im Sinne, sondern die empirischen Kirchen mit ihrer belasteten Geschichte. Sie nennt er die »bösartigste Falschmünzerei« und sah infolgedessen ihre ganze Geschichte als eine katastrophale Zerfallsgeschichte an, indem sie mit jedem Jahrhundert in einen größeren Gegensatz zu ihrem Ursprung kam. »Die christliche Lehre verändert fortwährend ihr

Schwergewicht... Der Typus Christ nimmt schrittweise alles wieder an, was er ursprünglich negierte. Der Christ wird Bürger, Soldat, Gerichtsperson, Arbeiter, Handelsmann, Gelehrter, Theolog, Landwirt, Patriot... er nimmt alle Tätigkeiten wieder auf, die er abgeschworen hat (nämlich die Selbstverteidigung, das Gerichthalten, das Strafen, das Schwören, das Unterscheiden zwischen Volk und Volk). Das ganze Leben der Christen ist endlich genau das Leben, von dem Christus die Loslösung predigte... Die Kirche gehört so gut zum Triumph des Antichristlichen wie der moderne Staat, der moderne Nationalismus. Die Kirche ist die Barbarisierung des Christentums[54].«

Die Ablehnung der Kirche erfährt noch eine Verschärfung durch die parallel gehende Bekämpfung der Priester als der stärksten Stützen dieser Institution. Ein glühender, alles versengender Zorn lodert dem Leser entgegen, wenn Nietzsche auf die Priester zu sprechen kommt, mit denen er sich sein ganzes Leben hindurch immer wieder auseinandergesetzt hat. Zuerst hat er den Ausdruck »Theologen« gebraucht und von diesen »Advokaten Gottes« gesagt, daß an ihrer Theologie Gott erstickt sei, eine respektlose, übertriebene, aber nicht völlig wahrheitswidrige Ansicht[55]. Keck behauptet dieser Theologensohn, der auf ganze Geschlechter von Theologen zurückschauen konnte: »Wer Theologenblut im Leibe hat, steht von vornherein zu allen Dingen schief und unehrlich... Ich grub den Theologen-Instinkt noch überall aus: er ist die verbreitetste, die eigentlich unterirdische Form der Wahrheit, die es auf Erden gibt. Was ein Theologe als wahr empfindet, das muß falsch sein: man hat daran beinahe ein Kriterium der Wahrheit[56].«

Später gebrauchte Nietzsche den Namen »Priester«, den er als »heiligen Parasiten« bezeichnet, als »die eigentliche Giftspinne des Lebens«, als jemand, der bei »jedem Satz, den er spricht, nicht nur irrt, sondern lügt«, und zwar »keineswegs aus Unschuld oder Unwissenheit«[57]. Es findet sich bei Nietzsche eine »erste Psychologie der Priester«[58], die von der Voraussetzung ausgeht, daß »die ganz großen Hasser in der Weltgeschichte immer Priester gewesen sind, auch die geistreichsten Hasser: gegen den Geist der priesterlichen Rache kommt überhaupt aller übrige Geist kaum in Betracht«[59].

Aber immer, wenn sich Nietzsche allzu ungehemmt seiner Kampfeslust überläßt, ruft ihn ein inneres Gefühl zurück, das ihn zwingt, dem religiösen Gegner einen merkwürdigen Respekt zu bezeugen. Obschon Nietzsche nicht die Einsicht des Propheten Maleachi teilte, wonach »des Priesters Lippen die Lehre bewahren«, findet sich bei ihm doch eine unverkennbare Schätzung des Priesterlichen, auf die man zunächst gar nicht vorbereitet ist. »Bei den Priestern wird eben alles gefährlicher, nicht nur Kurmittel und Heilkunde, sondern auch Hochmut, Rache, Scharfsinn, Ausschweifung, Liebe, Herrschsucht, Tugend, Krankheit; mit einiger Billigkeit ließe sich allerdings auch hinzufügen, daß erst auf dem Boden dieser wesentlich gefährlichen Daseinsform des Menschen, der priesterlichen, der Mensch überhaupt ein interessantes Tier geworden ist, daß erst hier die menschliche Seele in einem höheren Sinn Tiefe bekommen hat und böse geworden ist[60].« Nietzsches Blut weiß sich mit ihrem Blut verwandt, sein Zarathustra spricht die Worte: »Hier sind Priester: und wenn es auch meine Feinde sind, geht mir still an ihnen vorüber und mit schlafendem Schwerte. Auch unter ihnen sind Helden; viele von ihnen litten zuviel, so wollen sie andere leiden machen[61].« Will man darin nur eine Ritterlichkeit des Kampfes sehen, der auch die Größe des Gegners anerkennt, statt sie in billigster Weise zu verkleinern? Ist es nicht vielmehr ein Zeichen, daß Nietzsche selbst, wie Hölderlin, priesterlichen Geblütes war und nicht von dem loskam, was er so grimmig verneinte, weil die christliche Realität größer war als sein dionysisches Lebensgefühl? Wie anders ist sonst sein Eingeständnis zu deuten: »Die beiden vornehmsten Formen Mensch, denen ich leibhaftig begegnet bin, waren der vollkommene Christ – ich nehme es mir zur Ehre, aus einem Geschlecht zu stammen, das in jedem Sinne Ernst mit seinem Christentum gemacht hat – und der vollkommene Künstler des romantischen Ideals, welches ich tief unter dem christlichen Niveau gefunden habe[62].« Nietzsche ahnte die Größe des Priestertums, wenn er auch wahrscheinlich nicht bis in den innersten Kern von dessen Geheimnis eingedrungen ist.

Das gleiche ergreifende und nicht minder vergebliche Ringen wiederholt sich in Nietzsches Befehdung der Geschichte des Christentums, die er als eine »Geburt aus dem Geiste des Ressentiments« bezeichnete[63]. Im Gegensatz zu der Theologie seiner Zeit, die überall den hellenistischen Einflüssen nachspürte, hat Nietzsche die Entstehung des Christentums aus dem Judentum betont. »Der erste Satz zur Lösung des Problems der Entstehung des Christentums heißt: das Christentum ist einzig aus dem Boden zu verstehen, aus dem es gewachsen ist, es ist nicht eine Gegenbewegung gegen den jüdischen Instinkt, es ist dessen Folgerichtigkeit selbst, ein Schluß weiter in dessen furchteinflößender Logik[64].« In der Betonung der Zusammengehörigkeit von Judentum und Christentum war Nietzsche sicher von einem richtigen historischen Spürsinn geleitet. Um dieser Einsicht willen aber hieß für Nietzsche »das Symbol dieses Kampfes ›Rom gegen Judäa, Judäa gegen Rom‹; es gab bisher kein größeres Ereignis als dieser Kampf, diese Fragestellung, diesen todfeindlichen Widerspruch«[65]. Die Äußerung spricht für ein deutliches Gefühl für das Gewicht des geschichtlichen Vorganges und verlieh Nietzsches Sicht die erregende Perspektive, von der man alsogleich gefesselt wird.

Es war Nietzsche unmöglich, die ganze Kirchengeschichte zu kommentieren, aber er hat zu zahlreichen Begebenheiten und Gestalten aus ihr Stellung bezogen. Im Rahmen der Beurteilung der Geschichte des Christentums nannte Nietzsche das Mittelalter »die Alkoholvergiftung Europas«[66]. Nietzsche konnte es Luther nicht verzeihen, daß »dies Verhängnis von Mönch die Kirche, und was tausendmal schlimmer ist, das Christentum wieder hergestellt hat, im Augenblick, wo es unterlag«[67]. Er sah in der Reformation Luthers nur »den Widerstand eines Rüpels, den die gute Etikette der Kirche verdroß«[68]. In seiner Einschätzung der Reformation ist Nietzsche von Janssens katholischer »Geschichte des deutschen Volkes« beeinflußt, aber er hätte dessen Charakterisierung des Geschehens aus dem 16. Jahrhundert nicht übernommen, hätte sie ihm nicht entsprochen. Die Bewertung wird sowohl dem Mittelalter als der Reformation nicht gerecht, wohl aber zeigt sie, wie gefühlsbeladen Nietzsche in seiner Befehdung des Christentums war.

Nietzsches Verurteilung der christlichen Geschichte findet ihr bezeichnendes Ende angesichts der Gestalt Pascals, wobei wieder die rückläufige Bewegung in der Seele des Fechters einsetzt. Der sich als Antichrist gebärdende Nietzsche schätzt, ja liebt den Verfasser der Pensées als eine ihm verwandte Seele, nicht weniger als es auch Overbeck tat, so daß er selbst schon »der wiedererstandene Pascal« genannt wurde[69]. Obwohl der große Franzose durchaus ein paulinisches Christentum vertrat, nahm Nietzsche in ihm eine »Vereinigung von Glut, Geist und Redlichkeit« wahr, die ihn ungemein sympathisch berührte[70]. Allerdings mischt sich in diese beinahe zärtliche Liebe zu Pascal stets der Klang des Bedauerns darüber, daß dieser honnête homme das Opfer des Christentums wurde, durch das er langsam verblutete. Man sollte es nach Nietzsche dem Christentum nie verzeihen, daß es »solche Menschen wie Pascal zugrunde gerichtet« hat[71]. Ungeachtet der inneren Empörung findet Nietzsche, sooft er auf Pascals Christlichkeit zu sprechen kommt, stets die anerkennendsten Worte: »Pascals Gespräch mit Jesus ist schöner als irgend etwas im Neuen Testament! Es ist die schwermütigste Holdseligkeit, die je zu Worte gekommen ist. An diesem Jesus ist seither nicht mehr fortgedichtet worden; deshalb ist nach Port Royal das Christentum überall im Zerfall[72].« Was verrät diese Inkonsequenz von Nietzsches Liebe zu dem typisch agonalen Christen Pascal anderes, als daß Dionysos seine tiefverwurzelte Neigung zum christlichen Wahrheitsringen nicht verleugnen konnte? Sie bricht durch alle Verwünschungen immer wieder hindurch, sobald sie einer Gestalt begegnet, die das Christliche auf eine große und respektvolle Art vertrat.

Nietzsche hat mehrfach den Angriff auf das Christentum systematisch zusammengefaßt. Seine Bekämpfung ist als Wille zur Tat zu werten, die nicht in der bloßen historischen Betrachtung steckenbleibt. Mitten ins Zentrum zielt sein Schlag: »Erst das Christentum hat die Sünde in die Welt gebracht[73].« Das Sündengefühl des Christentums geht auf eine »jüdische Erfindung« zurück und widerspricht dem heutigen Weltempfinden vollständig. Um dieser Unverständlichkeit willen ist »das Christentum für junge, frische Barbarenvölker Gift; in die Helden-, Kinder- und Tierseele der alten Deutschen zum Beispiel die Lehre von der Sündhaftigkeit und Verdammnis hineinzupflanzen heißt nichts anderes als sie vergiften; eine ganz ungeheuerliche chemische Gärung und Zersetzung, ein Durcheinander von Gefühlen und Urteilen müßte die Folge sein und also, in weiterem Verlauf, eine gründliche Schwächung solchen Barbarenvolkes«[74]. Diese, aus den siebziger Jahren stammenden Ausführungen Nietzsches zeigen, wie er viele Gedanken der deutschen Zwischenkriegszeit vorweggenommen hat. Nach ihm ist das Christentum die Religion des alt gewordenen Altertums, seine Voraussetzung sind entartete alte Kulturvölker, auf deren ermüdete Seelen es wie Balsam wirken mochte.

Vollends ertrug es Nietzsche nicht, daß »das Christentum die Partei alles Schwachen, Niedrigen und Mißratenen genommen hat«[75]. Mit seinem Bild vom vornehmen Menschen war die Demut des Evangeliums unvereinbar, und er machte dem Christentum den Vorwurf, »daß es die Starken zerbrechen will, daß es ihren Mut entmutigen, ihre schlechten Stunden und Müdigkeiten ausnützen, ihre stolze Sicherheit in Unruhe und Gewissensnot verkehren will, daß es die vornehmen Instinkte giftig und krank zu machen versteht... bis die Starken an den Ausschweifungen der Selbstverachtung und der Selbstmißhandlung zugrunde gehen: jene schauerliche Art des Zugrundegehens, deren berühmtestes Beispiel Pascal abgibt«[76]. Das Christentum ist darauf ausgegangen, den Menschen zu zerbrechen. Darum wird es von Nietzsche barbarisch, asiatisch, unvornehm, ungriechisch gescholten. Einen Todkrieg gegen den höheren Typus Mensch hat das Christentum geführt, und stets kehrt bei Nietzsche der Gedanke wieder, daß »das Christentum es auf dem Gewissen hat, viele solche Menschen verdorben zu haben, wie zum Beispiel Pascal und früher den Meister Eckhart. Es verdirbt zuletzt gar noch den Begriff des Künstlers: es hat eine schüchterne Hypokrisie über Raffael gegossen. Zuletzt ist auch sein verklärter Christus ein flatterndes, schwärmendes Mönchlein, das er nicht wagt, nackt zu zeigen[77].« Die Menschen wurden durch das Christentum schattenhaft, der Glaube, den es von ihnen verlangt, ist ein »andauernder Selbstmord der Vernunft«[78]. Besonders hielt sich Nietzsche darüber auf, daß das Christentum aus dem »Sterbebett ein Marterbett gemacht hat« und die Situation, in der der Mensch sich ohnehin in geschwächtem Zustand befindet, dazu benutzte, um ihn jeweilen noch völlig zu überwältigen[79].

Nicht weniger erregte es den Unwillen Nietzsches, daß »das Christentum dem Eros Gift zu trinken gab; er starb zwar nicht daran, aber entartete zum Laster«[80]. Dem Christentum ist es gelungen, »aus Eros und Aphrodite – großen idealfähigen Mächten – höllische Kobolde und Truggeister zu schaffen, durch die Martern, welche es in dem Gewissen des Gläubigen bei allen geschlechtlichen Erregungen entstehen ließ. Ist es nicht schrecklich, notwendige und regelmäßige Empfindungen zu einer Quelle des inneren Elendes zu machen und dergestalt das innere Elend bei jedem Menschen notwendig und regelmäßig machen zu wollen?[81]« Wiederum hat Nietzsche hierin einen schwachen Punkt des historischen Christentums zielsicher getroffen. Die Einstellung des schlechten Gewissens gegenüber dem Eroserlebnis hat sich für das Christentum in der modernen Zeit schwer gerächt, und bis heute ist diese schiefe Entwicklung nicht völlig korrigiert, weil es der Kirche nie ganz gelang, sich von dem in ihren Raum eingedrungenen manichäischen Geist zu befreien.

Alle diese Argumente gipfeln in der einen Anklage, die Nietzsche seinem christlichen Gegner ins Gesicht schleudert: Das Christentum ist lebensfeindlich. Nie hat das Christentum gefragt: wie vergeistigt, verschönt, vergöttlicht man eine Begierde, es hat zu allen Zeiten den Nachdruck der Disziplin auf die Ausrottung der Leidenschaften gelegt und damit das Leben an der Wurzel angegriffen. »Der christliche Entschluß, die Welt häßlich und schlecht zu finden, hat die Welt häßlich und schlecht gemacht«, stellt Nietzsche mit erschreckender Wahrheit fest, und hat damit das Christentum für die Verfinsterung des Erdendaseins verantwortlich gemacht[82]. Die Praxis des Christentums ist, kurz gesagt, »der Kastratismus«[83]. »Christlich ist der Haß gegen den Geist, gegen Stolz, Mut, Freiheit, Libertinage des Geistes; christlich ist der Haß gegen die Sinne, gegen die Freuden der Sinne, gegen die Freude überhaupt«[84], wobei der letzte Teil des Satzes übersieht, daß das Christentum frohe Botschaft ist. Diese Lebensfeindlichkeit versetzte Nietzsche in eine wahre Wut, die sich in einer Schmähung des »Christentums als eine Metaphysik des Henkers« Luft machte. An dieser Stelle angelangt, verzehnfacht Nietzsche seine Anstrengung, das Christentum zu Fall zu bringen. Man hört den Ingrimm in ihm kochen, sein Zorn steigt auf den Siedepunkt, und explosivartig werden die Ausbrüche. Unauslöschlicher Haß diktiert den Ausruf: »Das Christentum war bisher das größte Unglück der Menschheit[85].« Es ist ein gellender, häßlicher Schrei der Hysterie, den Nietzsche in die Welt hinausruft: »Ich heiße das Christentum den einen großen Fluch, die eine große innerlichste Verdorbenheit, den einen großen Instinkt der Rache... ich heiße es den einen unsterblichen Schandfleck der Menschheit[86].« Offensichtlich überschlug sich Nietzsches blinde Berserkerwut, die noch das kleinste Gerechtigkeitsgefühl unter sich begrub. Er kennt nur noch das eine Ziel: Man muß mit dem Christentum ein Ende machen, da es die größte Lästerung auf das Erdenleben ist. Zur Erfüllung seiner Aufgabe nahm Nietzsche bereitwillig den Namen des Antichristen auf sich, den bis dahin alle Menschen als den Sohn des Verderbens aus tiefster Seele verabscheuten. Ihm schien er gerade recht zu sein, um unter diesem Zeichen den verhaßten Gegner niederzustrecken. So weit war es mit dem dem Herrn geweihten Kindlein gekommen, das sein Vater aus der Taufe hob.

Eine Beurteilung von Nietzsches Kampf ist nicht leicht, weil sich die Aussagen ständig widersprechen. Sie ist nur sub specie aeternitatis zu erreichen und niemals von einem Parteistandpunkt aus, mag es nun einer von heute oder von morgen sein. Hat sich doch die Christenheit nur allmählich vom ersten Schrecken über diese maßlose Gegnerschaft erholt. Mit der Zeit setzte sich aber die Ansicht durch, daß sich Nietzsche, ungeachtet des überaus aggressiven Tones, mit dem Christentum ehrlich auseinandergesetzt hat. Freilich nicht in ruhigem, kühl abwägendem Ton, der seiner Natur nicht lag. Die verzerrte Häßlichkeit des von wilder Wut ergriffenen Fechters spricht aus ihm. Nietzsche aber durfte an Overbeck schreiben: »Was das Christentum betrifft, so wirst du mir wohl das eine glauben: ich bin in meinem Herzen nie gegen dasselbe gemein gewesen und habe mir von Kindesbeinen an manche innerliche Mühe um seine Ideale gegeben, zuletzt freilich immer mit dem Ergebnis der puren Unmöglichkeit[87].« Es ist tiefer Ernst und nicht frivole Spötterei über das Christentum, der hinter Nietzsches Auseinandersetzungen stand. Er ringt mit dem Christentum und will die Menschen zu einer eindeutigen Stellungnahme für oder gegen das Christentum zwingen. Jede Halbheit, jede unehrliche Verquickung von christlichem Schein und unchristlichem Sein macht Nietzsche durch seinen Angriff unmöglich. Von einem eindeutig christlichen Standpunkt aus ist Nietzsches offener Krieg gegen das Christentum Wagners schwüler Parzifalchristlichkeit ebenso entschieden vorzuziehen wie Burckhardts Indifferenz.

Auf ein würdiges Podium wurde die Diskussion um

Nietzsche durch Ernst Bertram gestellt, der sich durch die Haßausbrüche nicht irre machen ließ, weil er deren ganz andere Bedeutung erkannte. Im Ton eines modernen Legendenschreibers war Bertram zu zeigen bestrebt, daß Nietzsche »auf eine heimliche, parodische und paradoxe Art Christ war«[88]. Nach Bertrams geistvoller Deutung »ist der Dichter des Propheten Zarathustra, von der geziemenden Höhe aus betrachtet, eines der großartigsten Phänomene innerhalb der Geschichte nordischen Christentums, ja, mit dem nötigen Zartgeist verstanden, selbst innerhalb der Kirchengeschichte«[89]. Es ist dem schönen Nietzsche-Buch von Bertram zuzubilligen, daß sich in Nietzsches Haß gegen das Christentum wahrscheinlich eine tiefere Christlichkeit ausdrückte als in vielen Äußerungen offizieller Gralshüter. Im 19. Jahrhundert sind wenige Menschen dermaßen nachhaltig vom Christentum in Atem gehalten worden, wie der sich so antichristlich gebärdende Nietzsche. Die Frage drängt sich auf, ob nicht hinter diesem Haß eine verdrängte Liebe verborgen sei. Aber der Gedanke darf trotzdem nicht überspannt werden, sollen daraus nicht vor allem jene Parasiten Gewinn ziehen, die nur die ihnen passenden Blätter aus dem Kranze Zarathustras herausrupfen. Es ist unstatthaft, ausgesprochene Gegner zu Zeugen für das Christentum zurechtzustutzen, und Nietzsche selbst hätte sich gegen diese Verdrehung zur Wehr gesetzt. Bertrams Deutung Nietzsches als eines verkappten Christen ist starkem Mißbrauch ausgesetzt und schiebt das ihr unbequeme Material stillschweigend zur Seite. Die christliche Interpretation nimmt die kämpferischen Worte Nietzsches gegen das Christentum zu leicht und biegt sie allzusehr in ihr Gegenteil um. Nietzsche hat unzweideutig gegen das Christentum Stellung bezogen, daran darf nicht gerüttelt werden, will man gegen die geistige Sauberkeit nicht verstoßen. Zu unmißverständlich spricht Nietzsches Zeugnis: »Ich bin zuletzt der erste Psycholog des Christentums und kann, als alter Artillerist, der ich bin, schweres Geschütz vorfahren, von dem kein Gegner des Christentums auch nur die Existenz vermutet[90].«

Mochte auch Bertram in seiner Interpretation zu weit gegangen sein, die Wahrnehmung von der inneren Beziehung Nietzsches zum Christentum kann seither nicht mehr in Abrede gestellt werden. Auch nach Jaspers »erwächst Nietzsches Kampf gegen das Christentum aus seiner eigenen Christlichkeit«, und er beruft sich hierfür auf dessen eigenes Wort: Alles Christliche durch ein Überchristliches zu überwinden und nicht nur von sich abzutun[91]. Schließlich haben sich sogar einige Theologen dieser Deutung angeschlossen. Nach Ernst Benz ist Christentum »zum Wiederentdecker des ursprünglichen Christentums geworden«[92], und Fritz Buri sieht eine »innerste Verwandtschaft von Luthers Kreuzestheologie und Nietzsches Wiederkunftslehre«[93]. Theodor Steinbüchel stellt ihn »an die Seite großer Christen des Jahrhunderts, Sören Kierkegaards und Kardinal Newmans«[94], und ebenso gesteht Hans Urs von Balthasar: »Es ist paradox genug, und dennoch die lautere Wahrheit, daß wir von diesem erklärten Antichristen mehr und gründlicher darüber, was christliche Haltung ist, erfahren können als von einer Flut frommer und erbaulicher Literatur[95].« Nietzsche war ein unglücklicher Liebhaber des Christentums; wer das nicht sieht, mit dem ist es schwer, sich über diesen Mann zu verständigen. Statt seine Frömmigkeit dem traditionellen Schema anzupassen, hüllte er sie in ein neues Gewand. Die Christen haben alle Ursache, sich mit Nietzsches Angriff ernsthaft auseinanderzusetzen. Sein Vorwurf, »erlöster müßten mir diese Erlösten aussehen, sollte ich an ihren Erlöser glauben«, war ein scharfer Pfeil, der getroffen hatte.

Im Unterschied zu »den homöopathischen Christen des 19. Jahrhunderts« hat Nietzsche in seinem Kampf gegen das Christentum vieles durchaus richtig gesehen. Das Auge der Antipathie sieht scharf und oft schärfer als das des unverbindlichen Bewunderers. Man findet bei Nietzsche höchst wertvolle Einsichten über die Situation des Christentums in der modernen Welt, denen restlos zugestimmt werden kann: »Dies ist die Art, wie Religionen abzusterben pflegen: wenn nämlich die mythischen Voraussetzungen einer Religion unter strengen, verstandesmäßigen Augen eines rechtgläubigen Dogmatismus als eine fertige Summe von historischen Ereignissen systematisiert werden und man anfängt, ängstlich die Glaubwürdigkeit der Mythen zu verteidigen, aber gegen jedes natürliche Weiterleben und Weiterwuchern derselben sich zu sträuben, wenn also das Gefühl für den Mythos abstirbt und an seine Stelle der Anspruch der Religion auf historische Grundlagen tritt[96].« Durch die außenseiterischen Belehrungen Overbecks angeregt, dem Nietzsche viele und wesentliche Einsichten in das Christentum verdankt, erfaßte er dasselbe als »ein aus ferner Vorzeit hereingetragenes Altertum, als das Abendläuten des guten Altertums«[97]. Auch die Kritik an den gegenwärtigen Christen, denen er Mangel »an der Manierlichkeit des christlichen Herzens« vorwirft, ist nicht ohne weiteres von der Hand zu weisen: »Wenn jene frohe Botschaft eurer Bibel euch ins Gesicht geschrieben wäre, ihr braucht den Glauben an die Autorität dieses Buches nicht so halsstarrig zu fordern: eure Worte, eure Handlungen sollten die Bibel fortwährend überflüssig machen, eine neue Bibel sollte durch euch fortwährend entstehen! So aber hat alle eure Apologie des Christentums ihre Wurzel in eurem Unchristentum; mit eurer Verteidigung schreibt ihr eure eigene Anklageschrift[98].« Das alles sind Erkenntnisse, auf die zu achten auch heute keineswegs überflüssig sein dürfte. Im Kampfe gegen das Christentum hat Nietzsche mit feinem Instinkt gespürt, daß in all den Kirchen etwas nicht mehr stimmt und eine Fassade aufrechterhalten wird, die inwendig schon längst brüchig geworden ist. Die offizielle Religion war seit langem ein übertünchtes Grab, und durch die beiden Weltkriege ist vor aller Augen offenbar geworden, was im vergangenen Jahrhundert die oppositionellen Geister mit unfehlbarer Witterung vorausgeahnt haben: die Unchristlichkeit der Christenheit!

Wenn nach Overbecks Meinung Nietzsches Anschauungen »für das historische Verständnis des Christentums sehr bedeutend sind«, so ist in seinen Ausführungen doch auch viel Unhaltbares enthalten. Nietzsche hat sich manchmal die Auseinandersetzung mit dem Christentum zu leicht gemacht, indem er des öftern nur anthropologisch und psychologisch argumentiert. Deswegen ergänzte Overbeck die oben erwähnte Zustimmung dahin, daß bei Nietzsches Darlegungen über das Christentum »manche Gedanken etwas wirr durcheinandergehen«[99]. Nietzsche hat am Christentum einiges in zu kurzer Perspektive erblickt und anderes wiederum ganz übersehen, wie die endgeschichtliche Erwartung des Evangeliums. In Schopenhauers Nachwirkung läuft seine Auffassung zuweilen auf eine Buddhisierung des Christentums hinaus, was eine falsche Fährte ist. Schon Simmel hat sich darüber aufgehalten, daß Nietzsche nur »die dem Irdischen zugewandte Seite des Christentums wahrnahm und eine eigenartige Unfähigkeit hatte, die Transzendenz des Christentums« zu begreifen[100]. Nietzsches Kritik des Christentums, daß dieses immer die Partei der Schwachen ergreife, übersah das Jesuswort: »Wer da hat, dem wird gegeben werden und wird die Fülle haben; wer aber nicht hat, dem wird auch, das er hat, genommen[101].« Er wertete das Christentum einseitig als die Auflösung der Antike und verkannte das Neue vollständig, das mit ihm in die Welt trat. Seine Ausführungen über das Christentum enthalten viel Lichtvolles, aber manchmal ist es nötig, sie umzukehren und sie aus dem Gegenteil heraus zu verstehen, weil bei Nietzsche oft das Motiv der Kritik wertvoller ist als die Kritik selbst. Das tiefste Wesen der Bibel ist bei ihm mehr angedeutet als ausgeführt, und die mystische Tiefe des Evangeliums blieb ihm verschlossen. Es drängt sich die Frage auf, ob Nietzsche nicht vor der Tür des Christentums stehengeblieben sei und sich gescheut habe, in das Zimmer selbst einzutreten.

Da in Nietzsches Auseinandersetzung wahre Erkenntnisse sich mit falschen beinahe unlösbar vermengen, ist er trotz seiner vehementen Bekämpfung doch nicht Herr über das Christentum geworden. So gereizt und wütend Dionysos mit dem Gekreuzigten in Fehde lag, er konnte und vermochte ihn nicht zu überwinden. Wie heftig Nietzsche auch um sich schlug, er blieb auf eine seltsame Weise im Banne des Christentums hängen und kam von ihm nicht los. Die Wahrnehmung seines Verhaftetbleibens ist eine wesentlich andere Feststellung als der Versuch, Nietzsche zum heimlichen Christen zu stempeln. Er blieb bis zuletzt der Kämpfer gegen das Christentum, und wahrscheinlich kam es ihm nur ganz dunkel zum Bewußtsein, daß er aus diesem Kampfe nie als Sieger hervorgehen würde. Es bleibt aber ein ergreifendes Schauspiel, wie er trotz aller keuchenden Anstrengung und gegen den eigenen Willen zu einem Verkünder des Christentums wurde, indem er mit seiner »schenkenden Tugend« doch eine dem Christentum nahestehende Haltung einnahm. Man traut seinen Augen nicht, wenn man am Ende von Nietzsches Leben liest, daß der Gekreuzigte immer noch das erhabenste Symbol sei. Keineswegs ist dies nur ein unfreiwilliger Ausruf, der in einer müden Stunde geboren ward. Es lassen sich unschwer noch andere ähnliche Aussagen anführen: »Ich habe dem bleichsüchtigen Christenideal den Krieg erklärt, nicht in der Absicht, es zu vernichten, sondern nur, um seiner Tyrannei ein Ende zu setzen und den Platz frei zu bekommen für neue Ideale, für robustere... Die Fortdauer des christlichen Ideals gehört zu den wünschenswertesten Dingen, die es gibt[102].« Seine Weiterexistenz ist nicht nur zu erwarten, sondern nach Nietzsche durchaus noch jederzeit möglich, da für den Christen ein anderes Handeln und nicht ein dogmatischer Glaube charakteristisch ist: »Das echte, das ursprüngliche Christentum wird zu allen Zeiten möglich sein... Nicht ein Glauben, sondern ein Tun, ein Vieles-nicht-Tun, vor allem ein anderes Sein«[103], ist sein wahres Bestreben. Wahrhaftig, der Kampf Dionysos' gegen den Gekreuzigten ist nicht im Sinne Nietzsches verlaufen. Es gelang ihm nicht, seinen Gegner niederzustrecken, und er mußte die Überlegenheit des Gekreuzigten zugeben.

Inmitten dieses vergeblichen Ringens hat Nietzsche jedoch das Problem »Griechentum und Christentum« noch einmal zur Diskussion gestellt. Allerdings war auch diesem Problem ein Mißlingen beschieden, weil er die beiden Größen in einen sich ausschließenden Gegensatz zueinander rückte. In der ersten Phase besaß Nietzsche noch die Einsicht, »den gordischen Knoten der griechischen Kultur nicht zu lösen, wie es Alexander tat, so daß seine Enden nach allen Weltrichtungen hinflatterten, sondern ihn zu binden, nachdem er gelöst war – das ist jetzt die Aufgabe«[104]. Leider verleugnete Nietzsche später die zentrale Erkenntnis von einem neuen Bindungsversuch und steigerte sich in die Alternative »Dionysos oder Christus« hinein, an deren Überspitzung er zerbrechen mußte. Das Abendland ruht seiner historischen Struktur nach auf den beiden Säulen: Griechentum und Christentum. Es kann nicht plötzlich auf eine der beiden verzichtet werden, ohne das abendländische Lebensgefühl in seiner Wurzel zu verwunden. Griechisches und Christliches sind in eine fruchtbare Verbindung zu bringen, wie es der spätere Hölderlin in seinen Gedichten besungen hat:

... Denn zu sehr,
o Christus, häng ich an dir,
wiewohl Herakles' Bruder.

Damit ist keinem vorschnellen Kompromiß das Wort geredet, wohl aber einer umfassenden Synthese, die das Griechische wie das Christliche im Göttlichen umschließt. Die Versöhnung beider Größen wird nie vollständig zu bewerkstelligen sein, wohl aber ist sie jeder Generation erneut als Aufgabe gegeben.

Nietzsches Tragik lag darin, daß er das Gemeinsame zwischen dem Evangelium und dem dionysischen Lebensgefühl nicht wahrgenommen hat. Mit der Formulierung »der Cäsar mit der Seele Christi« näherte er sich andeutungsweise der verbindenden Brücke. Trotz aller dunklen Ahnung hat er nie die innere Verwandtschaft gespürt, die zwischen der Gestalt Christi besteht, dessen evangelischer Wandel Ewigkeit ausstrahlt und dem orgiastischen Dionysos, der mit dem zerrissenen Gott eins wird. Nietzsches Augen waren merkwürdigerweise gehalten, die Verbindungslinie zu erblicken, die von dem zerstückelten Dionysos zu dem gekreuzigten Christus führt. Ihm war einmal in der Frühzeit der Gedanke aufgeblitzt: »Das Johannesevangelium aus griechischer Atmosphäre, aus dem Boden des Dionysos geboren: sein Einfluß auf das Christentum, im Gegensatz zum Jüdischen[105].« Einen Augenblick spürte er damals etwas von dem Johannesevangelium als einer »dritten Stufe der griechischen Heiterkeit und als ein Triumph der Mysterienseligkeit«. Doch erlosch der Geistesblitz alsogleich wieder, und später stellte

Nietzsche nie mehr die Frage: Ist das Dionysische ausschließlich an das Heidentum gebunden? Gibt es nicht auch christliche Dionysiker, wenn an den Enthusiasmus des griechischen Mönchtums, an Franziskus' verströmenden Sonnengesang, an die gewaltige Begeisterung der ersten Quäkerbewegung gedacht wird, um nur einige Beispiele zu nennen? Ist die Weissagung auf das Evangelium einzig im Alten Testament und nicht auch bei den Griechen zu finden? Hätte Nietzsche sich diese Fragen gestellt, dann wäre möglicherweise ihm Dionysos als der vorgefühlte Christus und Christus als die Erfüllung des Dionysos erschienen. Diese Fragestellung unterblieb in Nietzsches Leben, und erst in der allerletzten Minute, als bereits der Wahnsinn sich auf ihn herabzusenken begann, unterschrieb er seine Briefe hellseherisch mit den Worten »der gekreuzigte Dionysos«. In diesem Moment kam es zu der rätselvollen Identifikation von Christus und Dionysos, die alles noch einmal veränderte. »Dionysos am Kreuz – nun sieht man erst, wie ungeheuer sie einander gleichen. Dieser Dionysos ist nicht der vorchristliche Griechengott; er ist durchaus ein nachchristlicher Gott, gespeist mit dem Blute Christi. Aber er ist nicht der wirkliche Christus; er ist Christus in einem anderen Weltaugenblick: Christus nach dem Tode Gottes – Christus im Zeichen des Gestorbenseins ohne Auferstehung, Christus im Zeichen des Nichts[106].«

Der durchlichtende Blick war Nietzsche versagt, weil er ein Geärgerter im Sinne Kierkegaards war, wobei man sich auch an dessen Auffassung zu erinnern hat, daß der Geärgerte oft das Christentum viel besser begriffen hat als die

Dozenten, die es nur unglücklich systematisieren. Nietzsche ist der größte Geärgerte des vergangenen Jahrhunderts, sein Schicksal ist abgründiger als dasjenige von Strauß, Feuerbach usw. Vom Standpunkt der Vernunft aus kann Nietzsche nicht hinreichend bekämpft werden, und ihn mit dem Evangelium zu überwinden, fehlt dem heutigen Menschen die Legitimation. Denn das Dekadenz-Christentum, gegen das Nietzsche seine Keule schwang, ist auch in der Gegenwart nach wie vor herrschend. Man hat einzig in historisch-intellektueller Beziehung tiefere Einsichten vom Christentum bekommen, als sie in den Schriften des 19. Jahrhunderts ausgeführt wurden, aber lebensmäßig hat sich wenig geändert. Professoren, Pfarrer und Laien leben genau gleich, wie die Professoren, Pfarrer und Laien im 19. Jahrhundert gelebt haben – es hat sich kein Durchbruch durch das Bürgerliche, keine verwandelte Askese, keine neue Entflammung ereignet. Es ist mehr oder weniger alles beim alten geblieben, und insofern sind Nietzsches Vorwürfe nicht überholt. Der Geärgerte ist noch immer eine Anklage für uns, er hat weiterhin seine Funktion auszuüben.

Zu Beginn der Ausführungen über Nietzsches Kampf gegen das Christentum wurden die überschwenglichen Worte seines Vaters bei Anlaß der Taufe angeführt. Nun soll der Bericht der Mutter die Umrahmung von Nietzsches Bild vollenden. Nietzsches Mutter bereitete jeweilen ihrem kranken Sohne während der letzten Jahre das Weihnachtsfest. Auf die Frage, was er für einen Tannenbaum sich wünsche, antwortete der vom Wahnsinn Geschlagene: »natürlich einen recht großen«, und am Weihnachtsabend selbst saß der umnachtete Philosoph in einem Sessel vor dem Christbaum. »Sein Gesicht strahlte«, schrieb die Mutter, und mit seligen Blicken schaute er auf die glänzenden Kugeln und die brennenden Lichter[107]. Eine in Worten nicht auszudrückende Szene liegt vor: der gleichsam entrückte Verfasser des »Antichrist« erfreut sich zuletzt wieder wie ein Kind am Weihnachtssymbol des Christentums. Es läuft einem kalt über den Rücken – der Anblick besagt mehr als alle Widerlegungen Nietzsches zusammen.

So gebt doch Wahnsinn, ihr Himmlischen

Nietzsche schrieb das Gebet in die »Morgenröte«: »Ach, so gebt doch Wahnsinn, ihr Himmlischen, Wahnsinn, daß ich endlich an mich selber glaube! Gebt Delirien und Zuckungen, plötzliche Lichter und Finsternisse, schreckt mich mit Frost und Glut, wie sie kein Sterblicher noch empfand, mit Getöse und umgebenden Gestalten, laßt mich heulen und winseln und wie ein Tier kriechen: nur daß ich bei mir selber Glauben finde![1]« Darf ein gläubiger Ungläubiger solch verwegene Gebete sprechen? Sie pflegen bei allem sinnbildlichen Gehalt unheimlich in Erfüllung zu gehen, und auch Nietzsche hat die Erhörung an sich erfahren.

Am 3. Januar 1889 wurde Nietzsche auf der Piazza Carlo Alberto in Turin Zeuge einer unangenehmen Begebenheit: Ein gefühlloser Kutscher mißhandelte auf brutale Weise seinen müden Gaul. Spontanes Mitleid übermannte den daherkommenden Nietzsche, der weder lange überlegte noch den groben Mann zurechtwies, sondern sich schluchzend und schützend um den Hals des gemarterten Tieres warf und das Pferd in höchster Erregung vor der staunenden Menge küßte. Die Gebärde war höchst merkwürdig bei einem Manne, der bis dahin alles Mitleid verspottet und der Welt verkündet hatte, »was fallen will, das soll man auch noch stoßen«. Aber mit dem Hinweis auf sein widerspruchsvolles Verhalten ist Nietzsches ungewöhnliche Handlung in Turin nicht erklärt. Die Begebenheit ist viel symbolträchtiger. Offenkundig kam in dieser Stunde sein wahres Antlitz zum Vorschein, das eher einer franziskanischen Seele glich, denn einem mit dem Hammer philosophierenden Mann. Nietzsches Durchbrechung des verhüllenden Maskenspieles fand spät statt, für menschliches Begreifen eine Stunde zu spät, doch ist das nach unserm Maßstab geurteilt, der mit demjenigen Gottes nicht zusammenfällt. Die Formel »der gekreuzigte Dionysos« zeigt, daß Nietzsche Christus gesucht und ihn im Wahnsinn auch gefunden hat!

Nietzsches tränenüberströmte Umarmung des Pferdes ist eine Gebärde, die nur einen Kommentar verträgt, und der steht in Dostojewskijs Roman »Schuld und Strafe«. Raskolnikoff hatte einen furchtbaren Traum, als Kind war er Zeuge einer grausamen Pferdemißhandlung: »Der arme Knabe aber ist außer sich. Mit einem Schrei durchbricht er die Menge, läuft auf das Pferd zu, umarmt den blutüberströmten toten Kopf und küßt ihn; er küßt die Augen, die Lefzen …[2].« Die Parallele könnte gar nicht deutlicher sein, sie bedarf keiner weiteren Worte und zeigt unmißverständlich, wessen Bruder Nietzsche war.

Dem zufällig daherkommenden Hauswirt Nietzsches gelang es, den weinenden Denker vom Hals des Pferdes zu lösen und ihn mit großer Mühe auf sein Zimmer zu führen, wo der Philosoph lange Zeit stumm und regungslos auf dem Sofa liegenblieb. Bei seinem Erwachen war der Wahnsinn ausgebrochen, er fühlte sich als »Possenreißer der Ewigkeit« und kam sich als eine seltsame Doppelgottheit vor: Dionysos und der Gekreuzigte. Sein Denken war völlig verwirrt, und nur einige euphorische Augenblicke erhellten die sich auf ihn herabsenkende Umnachtung: »Singe mir ein neues Lied. die Welt ist verklärt, und alle Himmel freuen sich[3].« Ein rauschartiges Wohlbefinden kam über ihn, und in alle Welt sandte er von Größenwahn zeugende Briefe, in denen er verkündete, daß er »viel lieber Basler Professor als Gott wäre«, aber es nicht gewagt habe, seinen »Privategoismus so weit zu treiben, um seinetwegen die Schaffung der Welt zu unterlassen«. Er »leide an zerrissenen Stiefeln und danke dem Himmel jeden Augenblick für die alte Welt, für die die Menschen nicht einfach und still genug gewesen sind«, und sah sich schließlich dazu verurteilt, »die nächste Ewigkeit durch schlechte Witze zu unterhalten«[4]. Alle seine Äußerungen zeugten von einem Hochgefühl des Schaffens, in das der Blitzstrahl des Wahnsinns fuhr und ihn am Boden zerschmetterte.

Jakob Burckhardt, ein Empfänger eines dieser verwirrten Briefe, wurde sich sofort klar, daß zerstörende, persönlichkeitsfremde Kräfte Nietzsche überwältigt hatten, und er benachrichtigte sogleich Franz Overbeck. Der treue Eckhart fuhr unverzüglich nach Turin, wo die »blitzartig treffende Katastrophe« schon vollendet war. Overbeck sah sich einer Situation gegenüber, »der die orgiastische Tragödie zugrunde lag, auf grauenhafte Weise verkörpert«[5]. Noch nie hatte er ein »ebenso entsetzliches Bild der Zerstörung« gesehen. Er vermochte es nicht zu schildern[6]. Sublime, wunderbar hellsichtige und unsäglich schauerliche Dinge über sich, als dem Nachfolger des toten Gottes, sagte Nietzsche noch zu Overbeck, bis er ihn in Basel in die Irrenanstalt eingeliefert hatte. »Mit Nietzsche ist es aus«, so schrieb der erschütterte Freund nachher an die wenigen Bekannten. Die Krankheit nahm ihren unerbittlichen Fortgang und verwandelte Nietzsche in eine geistige Ruine, deren Trümmer erst elf Jahre später in den Staub sanken.

Die ärztliche Diagnose der Basler Irrenanstalt lautete auf »Paralysis progressiva«. Andere Ärzte vermuteten Schizophrenie, und die dritten plädierten für unentschieden. Doch ist diese Streitfrage nur für die medizinische Betrachtungsweise von Interesse. Mag auch eine materialistisch eingestellte Medizin behaupten, daß es keine psychogene Geisteskrankheit gebe, so kann doch gerade sie über »den Sinn von Nietzsches Krankheit nichts Verpflichtendes aussagen«[7]. Wer nicht da aufhört zu denken, wo die wesentliche Fragestellung beginnt, sieht sich bei Nietzsches Wahnsinn erneut vor das Urproblem der Krankheit gestellt, das nicht allein durch medizinische Urteile lösbar ist. Nietzsches Versinken in die Umnachtung muß mit behutsamer Vorsicht metaphysisch betrachtet werden. Freilich nicht im Sinne von André Gides überspitzter Formulierung: »Gerade in dem Wahnsinn Nietzsches sehe ich das Zeichen seiner echten Größe«, mit dem er gleichsam sein neues Wort erkaufte[8]. Vielmehr wurde Nietzsche vom dionysischen Gott lebend entrückt, sein Wahnsinn mutet wie eine Verhüllung seines ersehnten Zieles an, in das sein Leben ausmündete. Gleich einer geblendeten Ödipusgestalt sank Nietzsche, vom Speer Gottes getroffen, zur Erde und verblutete an der ihm von den Mächten beigebrachten Wunde. Der Ausbruch von

Nietzsches Wahnsinn entsprach einer inneren Notwendigkeit, man kann nicht von einer schrecklichen Gestalt hinter dem Stuhle schauderhaft unartikulierte Worte zugeflüstert bekommen und dabei ein ruhiges Alter in aller Gottseligkeit erreichen. Entweder gehen die prophetischen Worte in Erfüllung, oder der Mensch geht an ihnen zugrunde.

Keineswegs aber ist Nietzsches Werk wegen seines Sturzes in die Umnachtung diskreditiert, zumal seine Geisteskrankheit »auf seine Gedankenproduktion kaum früher wirksam zu sein begann als vor dem Torschluß der letzten Katastrophe um die Wende des Jahres 1888/89«[9]. Wer Nietzsches Philosophie um seines Wahnsinns willen verurteilt, muß auch Hölderlins Dichtung, Van Goghs Malerei, Schumanns Musik ablehnen, die alle mit ihrer geistigen Krankheit Gefangene Gottes wurden. Der Zusammenbruch in Turin ist viel eher der Märtyrerkranz um Nietzsches Stirne – sein Werk aber wurde dadurch gewiß nicht verdunkelt. Es ist eine pneumatische Krankheit, die einen bis ins Innerste aufwühlt. Für Nietzsches Schicksal gelten höchstens Overbecks Worte: »Gescheitert ist er freilich, aber doch nur so, daß er gegen die unternommene Fahrt als Argument so gut und so schlecht dienen kann wie die Schiffbrüchigen gegen das Beschiffen des Meeres[10].«

Nietzsches Katastrophe ist weder moralisch noch als persönliche Tragik zu deuten. Sein Sturz in die Nacht ist das Symbol des unerfüllten religiösen Schicksals der modernen Zeit. Nach der Auffassung des christlichen Denkers Peter Wust »hat die Opferung Nietzsches eher als eine Kollektivschuld von unserer glaubenslosen Zeit her zu gelten denn als eine Individualschuld dieses so groß angelegten Geistes«[11]. Ihr metaphysischer Sinn fordert ein Bekenntnis der Mitschuld und nicht eine pharisäische Verurteilung. Jede andere Einstellung geht am Problem Nietzsche vorbei und sieht es nicht sub specie aeternitatis.

Erschütternd war Nietzsches letztes Schicksal, und doch ging in seiner elfjährigen Umnachtung der Wunsch seiner Jugend in Erfüllung: »Im dunklen Gewitter will ich verschwinden…[12].«

Nachwort

von Max Schoch

Dionysos gegen den Gekreuzigten

Friedrich Nietzsche war der dezidierte Antichrist, und er wollte dies sein. Er hat die kommende Gottlosigkeit nicht bedauert. Er hat den Atheismus nicht beklagt. Er trug nicht Kummer über das Nein zu Gott. Im Gegenteil! Er sah den Atheismus für einen Zwischenzustand an, und er hatte sich vorgenommen, die Menschen weiter zu führen zu einem Ja, nämlich die Welt, wie sie ist, die Dinge, wie sie sind, mit seinem freien Willen zu bejahen, weil er darin die endliche Erlösung erkannte. Die Menschheit muß Gott loswerden, um sich der Welt so wieder anzuvertrauen, wie Heraklit die Welt als die schlechthinnige Wirklichkeit zu akzeptieren gelehrt hatte. Nietzsche war Platon und dessen Sokrates feind, weil bei diesen Philosophen die Welt als etwas Vordergründiges und Scheinhaftes hinterfragt wurde, als gäbe es das Eigentliche, die wahre Welt im Hintergrunde. Er verwarf und bekämpfte das Christentum mit einer unbändigen Leidenschaft, weil es dieses Zerwürfnis des Menschen mit der Welt zu einem europäischen Elend gemacht hatte. Nietzsche zufolge ist die Menschheit so lange elend und bleibt sie unerlöst, als sie sich nicht der Welt wieder anverlobt hat, wie es die Griechen, wie er meint, vor Sokrates waren. Der Atheismus, und was damit notwendig verbunden ist, muß die Durchgangsphase sein, ehe die Menschheit sich mit Glück und Lust mit der Welt aussöhnen kann.

Man kann die Inbrunst, mit der sich Nietzsche der Menschheit annahm, als religiös bezeichnen. Denn sosehr er Kritiker der Zivilisation und Interpret und Deuter der geistigen Situation war, so wollte er doch weit mehr. Er wollte die Menschen zu einem neuen Heiligtum führen, zu einem Erlösungsweg nötigen. Insofern war er ein Prophet, der Verkünder einer Botschaft. Darum hat seine Philosophie ihre eigentümliche Sprache. Darum drückt sich sein Zarathustra mit feierlicher Eindringlichkeit aus und gebraucht er Spruch, Symbol und Gleichnis. Es ist eine hieratische Rätselsprache, welche von den Lesern verlangt, sich selbst um die Lösung zu bemühen und die erkannte Wahrheit gläubig zu vollziehen. Sie müssen das, was sie als Teilhaber an einem christlichen Weltbild für wahr nahmen, als Lüge verwerfen und so zur eigentlichen Wahrheit hindurchdringen.

Man hat Nietzsche völlig mißverstanden, wenn man seine Religionskritik nur dazu verwendet, um flugs ein vermeintlich besseres Christentum zu konzipieren. Es geht ihm nicht darum, vom falsch verstandenen Jesus zu einem besser begriffenen überzugehen. Nietzsche hegte eine andere Erwartung. Er forderte den erlösenden Menschen der Zukunft. So schrieb er in der *Genealogie der Moral*: »Dieser Mensch der Zukunft, der uns ebenso vom bisherigen Ideal erlösen wird als von dem, was aus ihm wachsen mußte, vom großen Ekel, vom Willen zum Nichts, vom Nihilismus, dieser Glockenschlag des Mittags und der großen Entscheidung, der den Willen wieder frei macht, der der Erde ihr Ziel und dem Menschen seine Hoffnung zurückgibt, dieser Antichrist und Antinihilist, dieser Besieger Gottes und des Nichts – er muß einst kommen.« Viele Pfarrer und Gläubige hat diese Zeitanalyse erschreckt. Viele packte das Entsetzen. Viele waren über Nietzsche entrüstet. Sie fühlten sich verletzt. Diese schmähten ihn. Mit Recht habe ihn der Irrsinn niedergestreckt, meinten viele. Aber dann kam doch die Stimme der großen protestantischen Theologen, die die Religion des 19. Jahrhunderts einem vernichtenden Urteil unterwarfen.

Allerdings hat der beißende Spott, mit dem Nietzsche das Christentum des 19. Jahrhunderts bedacht hat, für die Theologen des 20. Jahrhunderts seit Karl Barth etwas Berückendes. Die dialektischen Theologen bekämpften ja das zur Moral reduzierte Evangelium und die Vermittlung zwischen Tradition und wissenschaftlicher Moderne, ja das Christentum in der Form modernisierter religiöser Weltanschauung, um an dessen Stelle dem Gott Jesu Christi zu begegnen. Sie interpretierten den von Nietzsche ausgerufenen Tod Gottes als Mahnung, zum lebendigen Gott der Offenbarung zurückzukehren. Einige versuchten gar ein Christentum als Atheismus zu entwerfen, weil sie für eingetroffen hielten, was Nietzsche dem Menschen prophezeit hatte, die große Loslösung, da der Mensch an Gottes Stelle tritt und als übermenschlicher Wille sich selbst und die Welt als die seine schafft, weil kein »du sollst« mehr ihm die Freiheit raubt. In beiden Fällen rückt freilich Christus in die Mitte, im einen Fall als das Wort Gottes, im andern Fall als Urbild des Menschen, der Gottes Stelle vertritt. Es ist dies ein Christentum mit freiem Horizont. Der neue Christ, der neue Mensch soll alles Antiquierte hinter sich lassen und in der Nachfolge

Jesu Christi Gegenwart und Zukunft an die Hand nehmen.

Paulus hatte in einem Brief an seine korinthische Gemeinde gefordert: »Fegt den alten Sauerteig aus!« Er hat ihr in einem weiteren Brief gesagt: »Das Alte ist vergangen, siehe, ein Neues ist geworden.« Ist nicht der gottlose Mensch tatsächlich der zu neuem Glauben, zu neuer Frömmigkeit aufbrechende, gesegnete Mensch?

In seinem zentralen Buch der Botschaft *Also sprach Zarathustra* schildert Nietzsche die Begegnung mit einem alten Mann, der sich als der letzte Papst erweist, und dieser bewundert Zarathustra: »In deiner Nähe, ob du schon der Gottloseste sein willst, wittere ich einen heimlichen Weih- und Wohlgeruch von langen Segnungen: mir wird wohl und wehe dabei.« Es ist durchaus denkbar und zum mindesten das Experiment wert, den Menschen als radikal-evangelischen Christen bis an diesen Punkt zu führen, wo mit der bisherigen Welt der bisherige Gott in einem Abgrund versinkt, der so Gott losgewordene Mensch aber erst recht Jesus sieht, der ihn liebt und zu neuen Ufern geleitet, den Jesus, der wunderbar im Sturm über das Meer schreitet und seinem sinkenden Jünger Petrus zuruft: »O du Kleingläubiger, warum hast du gezweifelt?« Was dem Menschen übrigbleibt, nachdem ihm der alte Gottvaterglauben verfallen ist, ist die Nachfolge gegenüber dem Sohn, indem er glaubend sich entschließt: »Ich will.«

Sowohl die »Gott ist tot«-Theologie des Amerikaners Altizer als auch die dialektische »Wort Gottes«-Theologie des Europäers Barth bejaht die Situation des Menschen, dem der Gott der religiösen Weltanschauung gestorben ist.

Der jetzt lebende Mensch müßte sich selbst betrügen und belügen, wenn er den konventionellen Glauben daran wiederaufrichten würde. Diese Kirche, dieser Tempel wäre nichts als ein Mausoleum für den Dahingegangenen. Auf diese Weise wird die europäische und überhaupt planetarische Menschheit bei ihrer religiösen und geistigen Lage voll ernstgenommen. Gewiß, es ist nicht die Absicht Nietzsches gewesen, die traditionelle religiöse Weltanschauung durch einen auf Christus zentrierten Glauben ersetzen zu lassen. Die Schlußformel seines letzten Buches *Ecce homo* ruft sie deutlich in Erinnerung: »Hat man mich verstanden? Dionysos gegen den Gekreuzigten.«

Die Lehre der protestantischen Theologie ist mit einigen ihrer bedeutendsten Vertreter auf Nietzsches Analyse der geistigen Lage verantwortungsvoll eingegangen. In der Frömmigkeitspraxis ist scheinbar Ähnliches geschehen wie in der Universitätstheologie, aber in der Tat nur scheinbar. Zuerst hat die Meditationsbewegung, dann der Feminismus Heiterkeit und Freude dem Gemeinschaftsleben der Christen beigebracht. In die Gemeindegottesdienste drang das Tanzen und Jubeln ein. Von den Gläubigen in der Dritten Welt, vor allem von den schwarzen Völkern und Populationen lernte auch Europa Lieder und Gebärden, welche die Daseinsfreude als Weise der Erlösten ausdrücken und mitteilen sollten. In der Schweiz war es vor allem die Dichterin und Benediktinerin Silja Walter vom Kloster Fahr bei Zürich, der es gelang, das Spielerische in den katholischen und selbst in den rigiden, traditionell reformierten Kirchen einzuführen. Freilich sind Tanz und Spiel nicht heimisch geworden. Sie sind auf Feiern beschränkt geblieben, welche von Gruppen der Jugend und vor allem der Frauen vorbereitet und getragen wurden.

Immerhin; Protestanten wie Katholiken stritten damit bewußt gegen die verbreitete Leidenspose, welche sich vom belastenden Gedenken an Sünde, Schuld und Buße herleitet. Theologen wiesen auf das Element der Freude und des Übermutes in den frühchristlichen Ekklesien des Heidenchristentums hin, und andere wollten sogar den dionysischen Charakter des Lobens und Feierns um den Auferstandenen in der Eucharistie, in den heiligen Mahlfeiern wiedererwecken. Das von Nietzsche so glühend ersehnte dionysische Element sollte durch einen als Dionysos verstandenen Christus den christlichen Auferstehungsglauben prägen.

Erlösung ist von Nietzsche als Vitalwert aufgefaßt worden und nicht, wie sie eigentlich die korrekte Lehre der christlichen Religion versteht, als der äußerste, Welt und Sein vollendende Heiligkeitswert. Erlösung im Sinne religiöser Vitalität liegt dem populären emotionalen Evangelikalismus oder Pietismus und dessen Gruppen und Kreisen näher als den großen Volks- und Landeskirchen. Nietzsche hat den Mangel daran, das Bedrückte, das Muckertum verwünscht, dem er als einer religiösen Stimmung begegnet ist. Darum verlangt Zarathustra, die Erlösten müßten ihm erlöster aussehen. Die Polemik und der Spott über die Erlösungsreligion hat christliche Pfarrer und ihre Kirchen auf einen Mangel aufmerksam gemacht, und so suchte man Gefühle zu wecken, in denen eine neue Pietas, eine andere Spiritualität erscheinen sollte als jene, die Nietzsche verpönt hat. Dem von Nietzsche gegeißelten ›Christentum‹ mußten Trübsinn und Muckertum weggenommen werden.

Die aktuelle Bemühung um Gefühle und Emotionen ist allerdings darin höchst fragwürdig, als das Religiöse dadurch zu einer flutenden Stimmung werden kann und jede Helligkeit verständigen Wissens aufgibt. Man bekümmert sich um vitale Äußerungen der Erlösung, ohne sich am Alten und Neuen Testament zu orientieren. Jedenfalls genießen jetzt Ausdrucksformen im Gottesdienst und in der Gemeindespiritualität eine Aufmerksamkeit, wie dies seit langer Zeit nicht mehr der Fall war. Nietzsches streitbares Wort hat gewirkt, aber nicht nur dieses allein, sondern seine Polemik zusammen mit seiner Erörterung der kommenden Gesellschaft und ihres Lebensverhaltens. Die Kirchen fühlten sich dazu herausgefordert, auf diesen modernen Menschen zu reagieren und ihm das zu bieten, wonach er in seiner Seele dürstet. Ohne Zweifel ist ein neuer Geist in die Gemeinden eingezogen. Die Seelsorge hat einen neuen Inhalt und eine neue Gestalt erhalten.

Aber täuschen wir uns nicht. So oberflächlich hat der an der griechischen Antike lernende und sich orientierende Friedrich Nietzsche seinen Dionysos nicht verstanden, daß er mit Spielen, Händeklatschen, fröhlichen Liedern und Tänzen schon erfüllt wäre. Auch Dionysos ist für ihn ein Leidender, aber ein tragisch Leidender. Freilich hat er eine andere Passion, einen andern Passionsgedanken als der Gekreuzigte, denn er leidet nicht um der Sündenschuld der Menschheit willen. Er leidet am Fatum, am Weltgeschick, indem er zugleich zu diesem Fatum, zu dieser Welt ja sagt. Nietzsche notierte sich: »Es ist nicht eine

Differenz des Martyriums, – nur hat dasselbe einen andern Sinn. Das Leben selbst, seine ewige Fruchtbarkeit und Wiederkehr bedingt die Qual, die Zerstörung, den Willen zur Vernichtung. Im andern Falle gilt das Leiden, der ›Gekreuzigte als der Unschuldige‹, als Einwand gegen dieses Leben, als Formel seiner Verurteilung. – Man errät: das Problem ist das vom Sinn des Lebens: ob ein christlicher Sinn, ob ein tragischer Sinn. Im ersten Falle soll es der Weg sein zu einem heiligen Sein; im letzteren Fall gilt das Sein als heilig genug, um ein Ungeheures von Leid noch zu rechtfertigen. Der tragische Mensch bejaht noch das herbste Leiden: er ist stark, voll, vergöttlichend genug dazu; der christliche verneint noch das glücklichste Los auf Erden: er ist schwach, arm, enterbt genug, um in jeder Form noch am Leben zu leiden. Der Gott am Kreuz ist ein Fluch auf das Leben…«

Mit seiner Sehnsucht nach einer Wiedergeburt des Dionysischen meint Nietzsche, daß die christliche Moral als Widernatur, die christliche Bemühung um die Schwachen, Kranken, vom Leben Vernachläßigten und Enttäuschten, diese Sklavenmoral beseitigt werden müsse. In seinen nachgelassenen Aphorismen liest man von den dionysischen Mysterien: »Was verbürgte sich der Hellene mit diesen Mysterien? Das ewige Leben, die ewige Wiederkehr des Lebens; die Zukunft in der Vergangenheit verheißen und geweiht; das triumphierende Ja zum Leben über Tod und Wandel hinaus; das wahre Leben als das Gesamtfortleben durch die Zeugung, durch die Mysterien der Geschlechtlichkeit… In der Mysterienlehre ist der Schmerz heiliggesprochen: die ›Wehen der Gebärerin‹ heiligen den Schmerz überhaupt – alles Werden und Wachsen, alles Zukunft-Verbürgende bedingt den Schmerz... Dies alles bedeutet das Wort Dionysos: Ich kenne keine höhere Symbolik als diese griechische Symbolik, die der Dionysien. In ihr ist der tiefste Instinkt des Lebens, der zur Zukunft des Lebens, zur Ewigkeit des Lebens, religiös empfunden, – der Weg selbst zum Leben, die Zeugung, als der heilige Weg.« Nietzsche sah im Christentum das Ressentiment gegen das Leben, da es die Sexualität unterdrückte.

Nun hat das Christentum in der Tat bis nahe an die Gegenwart heran gelehrt, es sei ein prinzipieller Unterschied zwischen der Agape, der christlich verstandenen Liebe, und dem Eros, der natürlichen Lebensliebe, die als bloße Gier moralisch abgewertet wurde. Aber auch hier ist eine Umkehr eingetreten. Einer der großen Lehrer, der Tübinger Theologe Adolf Köberle, der einst mit anderen diesen geradezu zum Schlagwort gemachten Unterschied zwischen Agape und Eros vorgetragen hatte, widerrief im hohen Alter ausdrücklich seine Lehre und unterstrich den Eros, der das Wesen aller Liebe ausmachen muß. Wer heute christliche Ethik lehrt und christliches Lebensgefühl beschreibt, bejaht die Sexualität, und dies sogar grundsätzlich über die eheliche Liebe hinaus. Die christliche Morallehre befindet sich in einem Umbruch. Früher Unmögliches und bitter Verurteiltes ist möglich geworden. Noch herrscht darin keine Einigkeit. Aber in der Tat ist ein Anfang gesetzt. Irgendwie werden die traditionellen christlichen Werte neu und anders verfaßt als bisher. Es ist vermutlich noch eine Minorität, die so denkt; aber sie wächst und wächst.

Im Lauf der hundert Jahre, welche seit der zögernd, dann aber mächtig einsetzenden Wirkung Nietzsches auf Philosophie und Theologie verflossen sind, hat sich viel verändert. Der christliche Mensch kann nicht mehr so beschrieben werden, wie ihn das 19. Jahrhundert sah. Politische und ideologische Herausforderungen, auf die er reagieren mußte, haben ihn zum Widerstand genötigt, und er hat diesen Widerstand so an vorderster Front ausgekämpft, daß er die Flucht vor der Welt, die Flucht nach innen und die Zuflucht zu einer Idealität oder zu einem Jenseits nicht mehr vollziehen konnte und wollte. Sein hervorragendes Merkmal ist ein aktives Verhältnis zur Wirklichkeit des Lebens. Im Vordergrund steht nicht mehr die Erlösung, wie Nietzsche diese sah. An vorderster Stelle steht jetzt die Heilung des Lebens. Dies gilt ebenso für das Leben des einzelnen in bezug auf seine seelische Verfassung wie für seinen Charakter als sexuelles und erotisches Wesen und als wirtschaftender und politischer Mensch. Es geht ihm um die Heilung der Weltverhältnisse. Er hat auf die großen Kritiker des Christentums Marx und Nietzsche reagiert. Er lernte es, sich neu zu orientieren, hinsichtlich der Sozialkritik seit dem Beginn des 20. Jahrhunderts mit den Schweizer Theologen Hermann Kutter und Leonhard Ragaz, in Hinsicht auf Nietzsches Brandmarkung der christlichen Existenz als solcher seit den siebziger Jahren des laufenden Zentenariums mit den Darlegungen des Amerikaners Harvey Cox zur Freude des Christen. Jesus als der maßgebliche Mensch sieht anders aus, als er dem 19. Jahrhundert erschien. Ein neues Jesusbild hat das alte abgelöst, und darin ist der Christus dem Leben innig verpflichtet.

Dies hängt mit dem jetzt erarbeiteten Blick auf den historischen Jesus zusammen. Die neue Spiritualität verdankt aber ebensoviel einem neuen Eingehen auf die christlichen Mystiker des hohen Mittelalters, etwa auf den Meister Eckhart, und der Wiederentdeckung der Nonne und Ärztin Hildegard von Bingen. Für jene gab es im Unterschied zu den religiösen Denkern des 19. Jahrhunderts keinen Gegensatz zwischen Geist und Leben. Der Geist galt ihnen nicht als Widersacher des Lebens, sondern als dessen einigendes, ja den Frieden schaffendes Prinzip, als dessen Heil.

Mit seiner Apotheose des Lebens hat Nietzsche einen schweren Klöppel in Schwung gebracht, der eine Glocke zu gewaltigem Klingen anschlug. Das Leben wurde das Thema des Jahrhunderts. Das Hallen setzte ein mit Henri Bergsons Deutung des Lebens als kreative Kraft, sich offenbarend als »élan vital«. Dessen Hinweis auf die Evolution wurde auf dem biologischen Gebiet immer volltönender bestätigt. Die genetische Erklärung und die thermonukleare Grundlegung des Lebens bekräftigten die einstmals von Nietzsche niedergeschriebenen Bemerkungen, daß es im Leben weder um Causae noch um Ziele gehe. Nur ging die an den kleinsten Partikeln der Natur und deren Interaktion interessierte Forschung schließlich dahin, auch die von Nietzsche immer noch angenommene Notwendigkeit, die Ananke der Griechen, prinzipiell zu bestreiten und durch den Zufall zu ersetzen.

Es wäre an der Zeit, daß die Theologie in Kontraposition zu Nietzsches tragischem Menschen, der das Fatum lieben soll, entschlossen den christlichen Menschen als den

Rebellen gegen das Fatum skizzieren würde. Denn er darf nicht ein tragischer Held sein. Er darf sich nicht mit dem Willen zur Macht ohne moralisches Engagement willig und zugleich leidend in das Leben fügen. Nein, er muß ein Ethos, eine Lebensliebe bewahren, die auch eine Rebellion gegen den Krieg als »den Vater aller Dinge« ist und leidenschaftlich das Leben mit dem Frieden und dem Lieben vereinigen will. Wie Albert Schweitzer es mit dem Stichwort »Ehrfurcht vor dem Leben« und durch sein Vorbild getan hat, soll er das Leben als Argument und Aufgabe des Sittlichen erkennen. Er darf in seiner Lebensliebe das Leben nicht vergotten und jenseits von Gut und Böse absolut setzen, sondern muß dessen Beschädigung gewahren. Die alte Ansicht, daß diese Beschädigung etwas mit der Abwendung von Gott zu tun hat, muß er festhalten, ohne deswegen zum Lebensfeind zu werden. In dieser Haltung ist das Christliche keine Sklavenmoral.

Daß Friedrich Nietzsche die verbreitete Religiosität so empfunden hat, kennzeichnet den ungeheuren vertikalen Abstand zwischen der Religiosität, welche sich just bei sogenannten ernsten Christen in Pfarrhäusern und bei vielen gelehrten Vertretern des Glaubens vorfindet, und der Höhe und Tiefe des Nietzsche gemäßen Gottverhältnisses. Sein Atheismus ist Gott abgerungen. Er hat mit flacher religiöser Gleichgültigkeit, die er als Freigeisterei erwähnt, überhaupt nichts gemeinsam.

Walter Nigg konnte nicht umhin, Nietzsche unter die Großen der Religiösen einzureihen. Und er weiß, was er tut. Walter Nigg hat sich suchend und beschreibend dem Phänomen des Religiosum und des religiösen Menschen hingegeben. Er war von seinem Fach her Kirchenhistoriker und lehrte als Privatdozent an der Universität Zürich. Berühmtheit erhielt er durch sein Buch »Große Heilige«, das 1947 erschien. Walter Nigg (1902–1988) bewegte schon in einem Buch über die kirchliche Reaktion »das neue Sehen der göttlichen Wirklichkeit«. Darin äußerte er die Überzeugung: »Nur die mutige Wahrhaftigkeit, die frei von aller Phrase und Konvention ist, übt noch eine Anziehungskraft auf den neuzeitlichen Menschen aus.«

Seit 1942, mit dem Abschluß seines Werks über »Religiöse Denker« hatte sich bei ihm endgültig die Absicht gefestigt, mit der Darstellung religiöser Persönlichkeiten der Aneignung des Religiösen zu dienen. Er wollte dem vom Nihilismus verfolgten neuzeitlichen Menschen das religiös Substantielle zeigen. In diesem Buch publizierte er erstmals eine Studie über Nietzsche. Da er sich mit einer Arbeit über Franz Overbeck habilitiert hatte, der in Basel als Kirchenhistoriker Theologieprofessor war und der seinem Kollegen von der Philosophischen Fakultät, Friedrich Nietzsche, nicht nur als dessen Hausgenosse, sondern als wahrer, verständiger Freund verbunden war, hatte Nigg alle Voraussetzungen, um über Nietzsche aus guter Kenntnis des geistigen Milieus, in dem er sich bewegt hatte, ein mehr als nur gründliches Essay zu schreiben. Er fügte es seinem Werk über »Religiöse Denker« ein. 1957 veröffentlichte er seinen »Nietzsche« in überarbeiteter Form nochmals in einem Buch mit dem Titel »Prophetische Denker«.

In den Kriegs- und Nachkriegsjahren war Nigg einer

eindrücklichen Deutung Jesu als Apokalyptiker nachgegangen und hatte 1944 und in neuer Bearbeitung 1954 unter dem Titel »Das ewige Reich« die Geschichte der menschlichen Hoffnung geschrieben, die von den Anfängen bei biblischen Propheten bis zu den Sozialisten Weitling und Marx handelte, in deren Mittelpunkt aber Jesus selber stand. Nigg hat in seinen Büchern, in welchen er wie den Heiligen so den Ketzern und wie den Pilgern so den christlichen Narren nachging, im Letzten Jesu Evangelium gepredigt, »eine frohe Botschaft, die in den Menschen eine nicht in Worte zu fassende Freude auslösen will. Der jubilierende Klang, mit dem Jesus dieses Freudigste freudig zu sagen verstand, muß als grundlegendes Leitmotiv aus allen seinen Worten gehört werden.«

Nun hat die Entwicklung der Frömmigkeit aber, wie Nigg urteilt, eine Richtung eingeschlagen, die von der Humanität dieses Jesus von Nazareth weggeführt hat. Sie hat die Botschaft des Nazareners geradezu zerstört, indem die religiöse Ideenbildung Jesus in einen andern Zusammenhang verschob. »Der Messias«, behauptet Nigg überaus kühn, »verdrängte das messianische Reich.« Die Geschichte der Kirche und ihrer Dogmen dünkte ihn eine Verdrängungsgeschichte zu sein. Zu allen Zeiten wurden die Künder der entscheidenden Endzeit an den Rand geschoben.

So hat denn Nigg seine Abhandlung über Nietzsche inmitten einer Arbeit verfaßt, in der er sich die Apokalyptik vergegenwärtigt hat. Er studierte die Endzeiterwartungen und die äußerst negativen, ja gehässigen Reaktionen der maßgebenden Theologen darauf. Nietzsche steht in seinen

Augen in einer vergleichbar ähnlichen geistigen Situation wie Jesus und alle Apokalyptiker. Aber jener konnte nicht mehr mit dem christlichen Gedankengut seine Erkenntnisse ausdrücken. Doch hatte er die sprachschöpferische Gewalt, um in einer ganz neuen Weise gegen die ideellen Konventionen und religiösen Zusammenbrüche der Umwelt die alte und wahrhaft religiöse Botschaft der Apokalyptik zu verkündigen. Sie ist nach Niggs Urteil ein hervorragendes Zeugnis für die unbesiegliche Echtheit des Religiösen in unreligiöser Zeit.

Nietzsche erschien ihm als die Riesengestalt eines Propheten inmitten einer Gesellschaft, die Gott getötet hatte. Er entwarf von Friedrich Nietzsche ein Wesensbild, das ihn denkbar weit von dem eines selbstgefälligen Zynikers entfernt erscheinen läßt. Dieser Nietzsche wettert wie ein alttestamentarischer Gotteskünder und erleidet wie Jesus das schwere Schicksal der Verkennung und Verdammung durch beleidigte Religionshüter. Walter Nigg schildert Nietzsche als eine zutiefst religiöse Persönlichkeit. Seine Interpretation ist eine ungewöhnliche, beeindruckende Vision!

Quellennachweis

Abkürzungen der angeführten Werke Nietzsches (Klassiker-Ausgabe)

Geburt der Tragödie, Schriften aus den Jahren 1872–73 = I
Über Wahrheit und Lüge, Unzeitgemäße Betrachtungen = II
Menschliches, Allzumenschliches, Vermischte Meinungen und Sprüche = III
Der Wanderer und sein Schatten, Morgenröte = IV
Die fröhliche Wissenschaft, Dichtungen = V
Also sprach Zarathustra = VI
Jenseits von Gut und Böse, Zur Genealogie der Moral = VII
Der Fall Wagner, Nietzsche contra Wagner, Götzendämmerung, Der Antichrist, Ecce homo, Dionysos-Dithyramben = VIII
Der Wille zur Macht = Ergänzungsband
Die Unschuld des Werdens, der Nachlaß, 2 Bände 1931 (ed. Bäumler) = Nachlaß
Friedrich Nietzsche, Gesammelte Briefe in 5 Bänden (ed. P. Gast u. A. Seidl), 1900, 1. Bd. = Briefe I
Friedrich Nietzsche, Briefwechsel mit Erwin Rohde, 1902, 2. Bd. = Briefe II
Friedrich Nietzsche, Gesammelte Briefe, 1906, 3. Bd. = Briefe III
Friedrich Nietzsche, Briefe an Peter Gast, 1908, 4. Bd. = Briefe IV
Friedrich Nietzsche, Briefe an Mutter und Schwester, 1909, 5. Bd. = Briefe V
Friedrich Nietzsche, Briefwechsel mit Franz Overbeck, 1916 = Overbeck
Carl Albrecht Bernoulli, Franz Overbeck und Friedrich Nietzsche, eine Freundschaft, 2 Bände, 1908 = Bernoulli

Die schreckliche Gestalt hinter meinem Stuhle

[1]R. Blunck: Friedrich Nietzsche, 1952, S. 217; [2]II, S. 285; [3]Briefe II, S. 494; [4]Jahrbuch der Nietzsche-Gesellschaft, 1925, S. 111; [5]Hildebrandt: Wagner und Nietzsche, 1924, S. 169; [6]Briefe I, S. 114 und S. 113; [7]Salin: Nietzsche und Burckhardt, S. 126; [8]Bernoulli, I, S. 235; [9]II, S. 288; [10]F. Heer: Sprechen wir von der Wirklichkeit, 1955, S. 192; [11]VIII, S. 422; [12]Nachlaß, I, S. 347; [13]Der kranke Nietzsche, Briefe seiner Mutter an Overbeck, 1937, S. 87; [14]Briefe IV, S. 70/71; [15]VIII, S. 347; [16]VIII, S. 396; [17]M. Bindschedler: Nietzsche und die poetische Lüge, 1954, S. 84; [18]Nachlaß, I, S. 356; [19]ibid.,

S. 351; [20]Ergänzungsband, S. 351; [21]VIII, S. 332; [22]ibid., S. 422; [23]Klages: Die psychologischen Errungenschaften Nietzsches, 1926, S. 11; [24]Thomas Mann: Neue Studien, 1948, S. 106 und 108; [25]VI, S. 292; [26]VI, S. 163; [27]J. Lutz: Zwischen Seligkeit und Verdammnis, 1953, S. 7; [28]III, S. 76.

Sie hätte singen sollen, diese neue Seele

[1]Blunck, a.a.O., S. 59/60; [2]Friedrich Georg Jünger: Nietzsche, 1949, S. 28; [3]Blunck, a.a.O., S. 60; [4]Briefe V, S. 616; [5]V, S. 3 und 4; [6]S. 354/55 und vgl. Johannes Klein, Die Dichtung Nietzsches, 1936; [7]H. A. Reyburn und H. E. Hindecks: Friedrich Nietzsche, 1947, S. 265; [8]Nachlaß, I, S. 425; [9]Berdiajew: Vom Sinn des Schaffens, 1927, S. 89; [10]Russische Religionsphilosophen, ed. Bubnoff, 1956, S. 127; [11]VIII, S. 473; [12]Josef Hofmiller: Friedrich Nietzsche, 1932, S. 69; [13]VIII, S. 386; [14]Nachlaß, II, S. 269; [15]V, S.30.

Götzen umwerfen gehört zu meinem Handwerk

[1]II, S. 129; [2]VIII, S. 308; [3]IV, S. 195; [4]VIII, S. 380; [5]II, S. 155; [6]Ergänzungsband, S. 50; [7]VIII, S. 139; [8]Ergänzungsband, S. 275; [9]III, S. 351; [10]V, S. 236; [11]VI, S. 86 und 94; [12]II, S. 276; [13]VII, S. 390; [14]Briefe V, S. 113; [15]II, S. 341; [16]Rud. Steiner: Friedrich Nietzsche, 1926, S. 161; [17]II, S. 275; [18]VIII, S. 309; [19]Bernoulli, I, S. 273; [20]Overbeck: Selbstbekenntnisse, 1941, S. 150; [21]Bernoulli, II, S. 252; [22]VII, S. 294; [23]Nachlaß, I, S. 381; [24]VI, S. 56.

Die Psychologie des Um-die-Ecke-Sehens

[1]Nachlaß, I, S. 404; [2]VII, S. 226; [3]VIII, S. 184 und Briefe IV, S. 284/5; [4]Briefe III, S. 322; [5]Briefe III, S. 282 u. 285; [6] VIII, S. 384; [7]VI, S. 134; [8]VIII, S. 317; [9]Leopold Zahn: Friedrich Nietzsche, eine Lebenschronik, 1950, S. 283; [10]Bernoulli, I, S. 268; [11]Albert Schweitzer: Aus meiner Kindheit und Jugendzeit, 1924; S. 65; [12]Jünger, a.a.O., S. 55/57.

Moralität selbst ist eine Form der Unmoralität

[1]Nietzsche: Briefe, ed. Oehler, 1922, S. 22; [2]II, S. 243/4; [3]Vgl. Heinz Heimsoth: Metaphysische Voraussetzungen und Antriebe in Nietzsches Immoralismus, 1955; [4]IV, S. 197; [5]Ergänzungsband, S. 46; [6]ibid., S. 46; [7]ibid., S. 82; [8]V, S. 234; [9]VIII, S. 124 und 341; [10]VIII, S. 341; [11]ibid., S. 341; [12]Ergänzungsband, S. 78; [13]ibid., S. 72; [14]V, S. 222; [15]Nachlaß, I, S. 376; [16]VI, S. 397; [17]Herbert Cysarz: Sieben Wesensbildnisse, 1943, S. 255; [18]V, S. 30; [19]VIII, S. 263; [20]VIII, S. 73; [21]Nachlaß, I, S. 349; [22]ibid., II, S. 204; [23]ibid., S. 202.

Das glühende Leben dionysischer Schwärmer

[1]Nachlaß, Bd. I, S. 38; [2]VIII, S. 3; [3]Overbeck, S. 256; [4]Overbeck: Christentum und Kultur, 1919, S. 270; [5]Bernoulli, I, S. 82; [6]Briefe II, S. 116; [7]ibid., S. 70; [8]II, S. 183; [9]VI, S. 422; [10]II, S. 252; [11]Briefe II, S. 214; [12]V, S. 38; [13]Nachlaß, I, S. 17; [14]II, S. 141; [15]II, S. 185; [16]Nachlaß, I, S. 195; [17]Joel: Nietzsche und die Romantik, 1905, S. 285; [18]III, S. 530; [19]Howald: Nietzsche und die klassische Philologie, S. 19; [20]Nachlaß, I, S. 4; [21]ibid., S. 7; [22]V, S. 232; [23]I, S. 59; [24]Nachlaß, II, S. 192; [25]I, S. 51; [26]ibid., S. 52; [27]Walter F. Otto: Dionysios, S. 74/75; [28]Bäumler: Studien zur deutschen Geistesgeschichte, 1937, S. 238 und Bäumler/Nietzsche, 1931, S. 85; [29]Nachlaß, I, S. 389; [30]Joel, a.a.O., S. 297; [31]III, S. 233; [32]V, S. 265; [33]Nachlaß, I, S. 14; [34]I, S. 58; [35]Ergänzungsband, S. 367; [36]Bäumler: Studien, a.a.O., S. 255; [37]VII, S. 199; [38]Ergänzungsband, S. 219; [39]III, S. 427; [40]V, S. 68; [41]V, S. 215; [42]V, S. 264; [43]VI, S. 328; [44]VIII, S. 199; [45]Ergänzungsband, S. 374; [46]V, S. 209; [47]VIII, S. 170; [48]VI, S. 13; [49]VI, S. 195; [50]VI, S. 46; [51]VI, S. 62; [52]VI, S. 193; [53]V, S. 8; [54]VI, S. 333 und Nachlaß, II, S. 475; [55]Susman: Gestalten und Kreise, 1954, S. 121; [56]V, S. 4; [57]VII, S. 63; [58]V, S. 180; [59]Nachlaß, II, S. 161; [60]V, S. 205; [61]V, S. 269; [62]V, S. 257; [63]VI, S. 121; [62]V, S. 257; [64]Nachlaß, II, S. 186; [65]V, S. 342; [66]VI, S. 17; [67]VI, S. 297; [68]Ergänzungsband, S. 99; [69]VIII, S. 423; [70]Overbeck, S. 375.

Das Loch zu finden, durch das man ins Etwas kommt

[1]VIII, S. 391; [2]V, S. 265; [3]Dostojewskij: Karamasoff, S. 1326; [4]Briefe, I, S. 240; [5]VIII, S. 309; [6]Nachlaß, I, S. 418; [7]VI, S. 472/3; [8]VI, S. 312; [9]VI, S. 415; [10]Berdiajew: Der Sinn des Schaffens, 1927, S. 89; [11]VI, S. 16; [12]Briefe IV, S. 133; [13]VIII, S. 424; [14]Unamunos Briefwechsel mit seinem Freund, 1955, S. 48; [15]VI, S. 189; [16]Ergänzungsband, S. 351; [17]Bernoulli, I, S. 325; [18]VIII, S. 208; [19]Ergänzungsband, S. 36, [20]ibid., S. 376; [21]Briefe III, S. 582; [22]VI, S. 398; [23]Bernoulli, II, S. 218; [24]Jaspers: Nietzsche, 1936, S. 384; [25]Bernoulli, I, S. 273 und 325; [26]O. Flake: Nietzsche, 1946, S. 131; [27]Berdiajew: Von des Menschen Knechtschaft und Freiheit, 1954, S. 80; [28]Briefe V, S. 560; [29]VI, S. 421; [30]III, S. 545.

Er ist nahe, der große Mittag

[1]Chr. Blumhardt: Ihr Menschen seid Gottes, 1929, S. 470; [2]Briefe II, S. 208; [3]VII, S. 210; [4]I, S. 143; [5]Nachlaß, I, S. 83; [6]Ergänzungsband, S. 38; [7]ibid., S. 375; [8]VIII, S. 207; [9]ibid., S. 51; [10]Ergänzungsband, S. 9; [11]II, S. 269/71; [12]ibid., S. 270; [13]V, S. 304; [14]ibid., S. 313; [15]VIII, S. 175; [16]Ergänzungsband, S. 34/35; [17]Klages, a.a.O., S. 213; [18]I, S. 30; [19]VII, S. 152; [20]Ergänzungsband, S. 1; [21]M. Heidegger: Holzwege, 1950, S. 202; [22]Ergänzungsband, S. 14; [23]ibid., S. 19; [24]Jaspers, a.a.O., S. 393; [25]Obenauer: Friedrich Nietzsche, 1924, S. 28; [26]VI, S. 252; [27]ibid., S. 262.

Wir haben ihn getötet, ihr und ich

[1]Jaspers: Nietzsche und das Christentum, 1952, S. 13; [2]Jünger, a.a.O., S. 86; [3]Bäumler: Studien, a.a.O., S. 265; [4]Nachlaß, I, S. 375; [5]ibid., S. 411; und Briefe IV, S. 267; [6]VIII, S. 213; [7]ibid., S. 377; [8]VII, S. 63; [9]Nachlaß, I, S. 412; [10]V, S. 163/4; [11]V, S. 147; [12]V, S. 271; [13]Nachlaß, II, S. 348; [14]VIII, S. 332/3; [15]Jaspers: Nietzsche, S. 386; [16]VII, S. 476; [17]VIII, S. 341; [18]V, S. 278; [19]Dostojewskij: Dämonen, II, S. 511; [20]V, S. 216; [21]Berdiajew: Die Philosophie des freien Geistes, 1930, S. 15; [22]Bernoulli, I, S. 216; [23]VIII, S. 225/26; [24]Nachlaß, II, S. 349; [25]V, S. 217.

Dionysos gegen den Gekreuzigten

[1]Blunck, a.a.O., S. 29; [2]Briefe I, S. 15; [3]II, S. 296; [4]III, S. 476; [5]IV, S. 248; [6]Vgl. Günther Augustin: Nietzsches religiöse Entwicklung, 1936; [7]VIII, S. 281; [8]VIII, S. 433; [9]III, S. 117; [10]Nachlaß, I, S. 83; [11]ibid., I, S. 127; [12]IV, S. 273; [13]IV, S. 273; [14]Nachlaß, I, S. 205 und II, S. 262; [15]Ergänzungsband, S. 141; [16]VII, S. 458; [17]Ergänzungsband, S. 148; [18]VIII, S. 30; [19]ibid., S. 269; [20]ibid., S. 48; [21]ibid., S. 244; [22]ibid., S. 263; [23]ibid., S. 244; [24]ibid., S. 249 u. 250; [25]ibid., S. 250; [26]ibid., S. 252; [27]Nachlaß, I, S. 182; [28]VII, S. 216; [29]ibid., S. 77; [30]ibid., S. 458; [31]Briefe V, S. 297; [32]VI, S. 107; [33]VIII, S. 240; [34]Ergänzungsband, S. 143; [35]VIII, S. 242; [36]ibid., S. 245; [37]Jaspers: Nietzsche und das Christentum, S. 20 und 18; [38]Overbeck: Christentum und Kultur, S. 44 und Bernoulli, II, S. 250; [39]VIII, S. 258; [40]ibid., S. 255; [41]Nachlaß, II, S. 188; [42]Ergänzungsband, S. 132; [43]ibid., S. 155; [44]ibid., S. 133; [45]IV, S. 257; [46]VIII, S. 260; [47]II, S. 397; [48]Ergänzungsband, S. 131; [49]VIII, S. 240; [50]III, S. 129; [51]VI, S. 132; [52]VI, S. 194; [53]VIII, S. 253; [54]Ergänzungsband, S. 145/6; [55]Nachlaß, II, S. 337; [56]VIII, S. 214; [57]ibid., S. 238 und 254; [58]ibid., S. 411; [59]VII, S. 308; [60]ibid., S. 307; [61]VI, S. 131; [62]Nachlaß, I, S. 382; [63]VIII, S. 410; [64]ibid., S. 232; [65]VII, S. 331; [66]VI, S. 169; [67]VIII, S. 416; [68]VII, S. 459; [69]F. Krökel: Europas Selbstbesinnung durch Nietzsche, 1929, S. 126; [70]IV, S. 374; [71]Ergänzungsband, S. 154; [72]Nachlaß, II, S. 322; [73]IV, S. 60; [74]III, S. 539; [75]VIII, S. 210; [76]Ergänzungsband, S. 155; [77]Nachlaß, I, S. 235/6; [78]VII, S. 70/71; [79]IV, S. 269; [80]VII, S. 108; [81]IV, S. 266; [82]V, S. 168; [83]VIII, S. 111; [84]ibid., S. 229; [85]ibid., S. 126 u. 187; [86]ibid., S. 303; [87]Overbeck, S. 148; [88]Bertram: Nietzsche, 1921, S. 308; [89]ibid., S. 53; [90]Briefe III, S. 321; [91]Jaspers: Nietzsche und das Christentum, S. 7 und 10; [92]Benz: Nietzsches Ideen zur Geschichte des Christentums, 1938, S. 28; [93]F. Buri: Kreuz und Ring, 1947, S. 104; [94]Theodor Steinbüchel: FriedrichNietzsche, 1946, S. 36; [95]Hans von Balthasar in seiner Nietzsche-Anthologie vom vornehmen Menschen, 1942, S. 154; [96]I, S. 104; [97]III, S. 126 u. 539; [98]Overbeck: Christentum und Kultur, S. 33; [99]ibid., S. 33; [100]Simmel: Schopenhauer und Nietzsche, 1907, S. 203; [101]Mt. 25, 29; [102]Ergänzungsband, S. 88; [103]VIII, S. 255; [104]II, S. 364; [105]Nachlaß, I, S. 17; [106]M. Susman, a.a.O., S. 135; [107]Der kranke Nietzsche, a.a.O., S. 171.

So gebt doch Wahnsinn, ihr Himmlischen

[1]IV, S. 215; [2]Dostojewskij: Raskolnikoff, I, S. 96; [3]Briefe IV, S. 437; [4]Salin: a.a.O., S. 227; [5]Bernoulli, II, S. 215 und 251; [6]ibid., S.231; [7]Podach: Nietzsches Zusammenbruch, S. 108; [8]Gide: Europäische Betrachtungen, S. 175; [9]Bernoulli, II, S. 217; [10]Overbeck: Christentum und Kultur, S. 136; [11]Wege einer Freundschaft, Briefwechsel Peter Wust/Marianne Weber, 1951, S. 209; [12]Blunck, a.a.O., S. 75.

Friedrich Nietzsche im Diogenes Verlag

»Nietzsche ist, was sich immer deutlicher zeigt, der weitreichende Gigant der nachgoetheschen Epoche und seit Luther das größte deutsche Sprachgenie.«
Gottfried Benn

Brevier
Ausgewählt, herausgegeben und mit einem Vorwort von Wolfgang Kraus

Gedichte
Ausgewahlt von Anton Friedrich
Mit einer Rede von Thomas Mann

Vom Nutzen und Nachteil der Historie für das Leben
Herausgegeben und mit einem Nachwort von Michael Landmann

Die schönsten Gedichte
Ausgewählt von Anton Friedrich

Walter Nigg im Diogenes Verlag

»Die nüchtern-klare Diktion Niggs rückt die mystischen Gestalten der Heiligen in die geistige Reichweite des modernen Menschen.« *Die Zeit, Hamburg*

Große Heilige
Von Franz von Assisi bis Therese von Lisieux

Das Buch der Ketzer
Von Simon Magus bis Leo Tolstoi

Vom Geheimnis der Mönche
Von Bernhard von Clairvaux bis Teresa von Avila

Das mystische Dreigestirn
Meister Eckhart, Johannes Tauler, Heinrich Seuse

Heilige und Dichter
Von Augustinus bis Reinhold Schneider

Des Pilgers Wiederkehr
Drei Variationen uber ein Thema

Heimliche Weisheit
Mystisches Leben in der evangelischen Christenheit

Der christliche Narr
Uber Symeon von Edessa, Jacopone da Todi, Erasmus' *Lob der Torheit*, Philipp Neri, Cervantes' *Don Quijote*, Heinrich Pestalozzi und Dostojewskijs *Idiot*

Buch der Büßer
Neun Lebensbilder

Große Unheilige
Von König Saul bis Friedrich Nietzsche

Teresa von Avila
Eine leidenschaftliche Seele

Das ewige Reich
Geschichte einer Hoffnung

Der Teufel und seine Knechte

Franz von Assisi
Denken mit dem Herzen

Michel de Montaigne
Essais
[Versuche]
nebst des Verfassers Leben, nach der Ausgabe von Pierre Coste ins Deutsche übersetzt von Johann Daniel Tietz

3 Bände im Schuber oder in Kassette. Diese Ausgabe bringt alle Essais, eine Biographie Montaignes, Briefe Montaignes, Etienne de la Boéties »Von der freiwilligen Dienstbarkeit«, Kritiken zu den Essais sowie ein ausführliches Personen- und Stichwortregister. Neuausgabe der 1753/54 erschienenen deutschen Erstausgabe

»Ein publizistisches Glanzstück: In einer prachtvoll ausgestatteten, typographisch vorzüglichen dreibändigen Edition legt der Diogenes Verlag Tietz' Übersetzung auf, die selbst Fachleuten kaum gegenwärtig war.« *Rainer Moritz/Rheinischer Merkur, Bonn*

»Ein bezauberndes Buch sind die ›Essais‹ dieses Republikaners mit monarchistischen Neigungen, dieses Christen mit heidnischer Gesinnung, dieses Renaissance-Menschen und Humanisten mit dem mittelalterlichen Gottvertrauen, der schon die Aufklärung ankündigt. Ein großes Lese- und Lehrbuch vom richtigen Leben.« *Rolf Michaelis/Die Zeit, Hamburg*

»Diese genialen ›Versuche‹ sind frisch wie am ersten Tag.« *Gert Ueding/Die Welt, Berlin*

Außerdem lieferbar:

Um recht zu leben

Eine Auswahl aus den Essais
Aus dem Französischen von Hanno Helbling
Mit einem Nachwort von Egon Friedell

»Daß ein solcher Mensch geschrieben hat, dadurch ist wahrlich die Lust, auf dieser Erde zu leben, vermehrt worden.« *Friedrich Nietzsche*